FRIEDRICH LACHMAYER

Grundzüge einer Normentheorie

Schriften zur Rechtstheorie

Heft 62

Grundzüge einer Normentheorie

Zur Struktur der Normen dargestellt am Beispiel des Rechtes

Von

Dr. Friedrich Lachmayer

DUNCKER & HUMBLOT / BERLIN

CIP-Kurztitelaufnahme der Deutschen Bibliothek

Lachmayer, Friedrich
 Grundzüge einer Normentheorie: Zur
Struktur d. Normen dargest. am
Beispiel d. Rechtes. — 1. Aufl. — Berlin:
Duncker und Humblot, 1977.
  (Schriften zur Rechtstheorie; H. 62)
  ISBN 3-428-03917-3

Alle Rechte vorbehalten
© 1977 Duncker & Humblot, Berlin 41
Gedruckt 1977 bei Buchdruckerei Bruno Luck, Berlin 65
Printed in Germany
ISBN 3 428 03917 3

Ilmar Tammelo
gewidmet

Vorwort

Dieser Arbeit liegt eine konkrete Problemstellung zugrunde, nämlich die Frage nach einem für die Erfassung des Rechtsmaterials durch die elektronische Datenverarbeitung brauchbaren rechtstheoretischen Konzept.

Im Rahmen des EDV-Versuchsprojektes-Verfassungsrecht, welches von der Republik Österreich-Bundeskanzleramt und IBM in Wien durchgeführt wurde, hatte ich in den Jahren 1971 und 1972 Gelegenheit, die normentheoretische Arbeitsgruppe zu leiten.

Es zeigte sich bald, daß die zu erarbeitenden Instrumentarien weniger einer Rechtstheorie angehören, als vielmehr einer allgemeineren Theorie, einer Normentheorie. Freilich gelang es nicht, eine Normentheorie in Konfrontation mit dem Normenmaterial aus allen außerrechtlichen Bereichen zu entwickeln. Der persönliche Erfahrungsbereich aller Beteiligten war zu sehr auf das Recht ausgerichtet. Dennoch wurde versucht, auf eine so allgemeine Konzeption zurückzugehen, daß eine Anwendung auf Normen allgemein und nicht nur auf Rechtsnormen möglich erschien.

Die Diskussionen in der nomentheoretischen Arbeitsgruppe führten zu einem zweifachen Ergebnis:

Einerseits wurden Analysen über die Anwendung der Normentheorie und der EDV auf dem Gebiete der Gesetzgebung angestellt, welche bereits gesondert publiziert sind (Legistische Analyse der Struktur von Gesetzen, 1976, gemeinsam mit Univ. Doz. DDr Leo *Reisinger*).

Andererseits lassen sich die normentheoretischen Überlegungen zusammenfassen, was mit der nunmehr vorgelegten Arbeit erfolgt. Es handelt sich dabei im wesentlichen um die Wiedergabe meiner damaligen Arbeitsunterlagen, welche zur Vorbereitung der einzelnen Sitzungen verteilt wurden. Freilich wurde auch die Diskussion berücksichtigt, so daß ich den Teilnehmern der Arbeitsgruppe zu Dank verpflichtet bin. Insbesondere will ich Herrn Botschaftssekretär DDr. Artur *Apeltauer*, Herrn Oberprokuratursrat Dr. Winfried *Bauernfeind*, Herrn Universitätsassistent Dr. Peter *Böhm* und Herrn Landesregierungsrat Dr. Peter *Reinberg* danken, welche sich auch der Mühe unterzogen, das Manuskript dieses Buches kritisch zu lesen.

Die gegenständliche Arbeit orientiert sich in einem gewissen Maße an *Kelsens* Reiner Rechtslehre. Weniger vielleicht an den dort vorgeschlagenen Lösungen als vielmehr an den behandelten Problemstellungen, welche wiederum klassischen Problemstellungen in der Rechtswissenschaft entsprechen. Da die Kelsentradition in Wien noch recht lebendig ist und eine Kenntnis dieser Überlegungen bei den Mitgliedern der Arbeitsgruppe vorausgesetzt werden konnte, ergab sich somit ein gemeinsamer Problembezugspunkt. Die im folgenden dargelegten Lösungsversuche sind freilich weniger um eine weitere Ausgestaltung der Kelsenschen Ideenwelt bemüht, als vielmehr um eine zeitgemäße Erfassung des Normenmaterials. Anders als bei Kelsen kommt es zur Symbolisierung und Formalisierung und es wird versucht, die Ergebnisse der modernen Normenlogik zu berücksichtigen. Ungeachtet der gemeinsamen Problembezüge und der oft verwandten Terminologie ist die Grundkonzeption und Zielrichtung dieses Buches eine andere als bei *Kelsen*.

Dieses Buch ist aus Texten entstanden, die auf ein Experiment, nämlich der Erfassung der Rechtsstrukturen durch die EDV, ausgerichtet waren. Es stand daher dieses Problem im Vordergrund und nicht etwa das Anliegen, die Texte mit der damaligen Literatur im Detail zu konfrontieren oder zu harmonisieren. Dieses Anliegen ist auch geblieben. Zur Diskussion wird daher vor allem das Gesamtkonzept gestellt, so daß auf detaillierte Anmerkungen verzichtet wurde. Die Literaturhinweise dienen der Anregung für weitere Studien.

Abschließend möchte ich noch danken: Herrn Univ. Prof. Dr. Günther *Winkler* für die Anregung, die Arbeitsunterlagen in einem Buch zusammenzufassen, sowie für sprachliche Ratschläge; dem *Theodor-Körner-Stiftungsfonds* für den im Jahre 1973 verliehenen Förderungspreis; Herrn Dr. Josef *Rössl* von IBM für die Erteilung eines diesbezüglichen Forschungsauftrages im Jahre 1975; Herrn Univ. Prof. DDr. Herbert *Fiedler* für das Bemühen um die Herausgabe des Buches und schließlich Frau Hannelore *Kraus* für die Durchführung von Schreibarbeiten.

Wien, im Dezember 1976

Der Verfasser

Inhaltsverzeichnis

I. Problemstellung

A. Normentheorie und Rechtstheorie 15

B. Positivismus und Strukturalismus 16

C. Normative Notation 18
    1. Normative Fachsprache 18
    2. Symbolisierung und Formalisierung 18
    3. Algebraisierende und geometrisierende Fachsprache 20
    4. Personen-Zeit-Diagramm 20

D. EDV-Einsatz 22
    1. Normsetzungssubjekt 23
    2. Normadressat 23
    3. Wissenschaft 23
    4. Unterricht 23

II. Norm

A. Definitionen 24
    1. Aktion 24
    2. Interaktion 24
    3. Faktisches Verhalten 25
    4. Information 26
    5. Norm 26
    6. Aussage 27
    7. Zum Kelsen'schen Normbegriff 27

B. Normsetzung 28
    1. Subjekte der Normsetzung 28
        a) Intersubjektive Normen 29
        b) Innersubjektive Normen 29

        c) Organisationsnormen 30
        d) Metaphysische Normen 30
    2. Normenkombination 30
        a) Parallele Normen 31
        b) Generelle Normen 31
        c) Reziproke Normen 32
        d) Vollständige Normsetzung 33
    3. Prozeß der Normsetzung 34
        a) Phasen des Normsetzungsprozesses 35
        b) Phasen als Anknüpfungspunkte 35

C. *Norminhalt* 36

    1. Normsetzungssubjekt 36
    2. Normadressat 36
    3. Gesolltes Verhalten 36
        a) Einziges gesolltes Verhalten 37
        b) Sanktion 37
        c) Einheit 38
        d) Negation 39
        e) Kategoriale Einordnung 40
        f) Kompatibilität 41
    4. Bezugsbereich 43
        a) Bezugssubjekt 44
        b) Unmittelbares und mittelbares Bezugssubjekt 44
        c) Bezugsobjekt 44
        d) Erfolgsbezug 45
    5. Bedingung 45
        a) Zwangsfolgen 46
        b) Kategoriale Einordnung 47
        c) Arten der Bedingungen 47
            aa) Freiheit 48
            bb) Verbot 48
            cc) Gebot 48
        d) Quantität von Bedingungselementen 49
        e) Bedingungssubjekt 49
        f) Bedingungsobjekt 50
        g) Unbedingte und bedingte Normen 50
    6. Normenkombination 50
        a) Personelle Identiät 50
        b) Metanormen 50

	c) Verweisung	51
	d) Geltung	51
	e) Kollisionsnormen	51
	f) Ordnung der Normelemente	52

D. *Intentionalität* 52

    1. Nominelle und reale Normelemente 52

    2. Intentionalität und Bezugsbereich 53

    3. Zeitliche Problemstellung 53

    4. Juristische Person 54

        a) Organwalter 55

        b) Organe 55

        c) Divergenz 55

        d) Zurechnung 56

        e) Normenkombination 56

        f) Institution 56

E. *Normative Relationen* 57

    1. Relationen im Sollen 58

    2. Relationen zwischen Sein und Sollen 59

        a) Relevanz 59

        b) Aktualisierung 60

        c) Normgemäßheit 61

        d) Effektivität 61

    3. Relationen als Bedingungselemente 62

    4. Relationen zwischen Sollen und Möglichkeit 62

        a) Möglichkeit der Normen 62

        b) Relationen zwischen der Norm und der Möglichkeit 63

        c) Arten der Möglichkeit 64

            aa) Ideelle Möglichkeit 64

            bb) Kausale Möglichkeit 65

            cc) Soziologische Möglichkeit 65

            dd) Psychologische Möglichkeit 65

            ee) Normative Möglichkeit 65

        d) Spektrum möglicher Verhalten 65

III. Normativer Status

A. *Problemstellung* 67

    1. Pflicht 67

    2. Relativität 68

Inhaltsverzeichnis

    3. Einfache Pflicht 68
    4. Norm und Pflicht 69
    5. Historische Lösungsversuche 69
    6. Recht im subjektiven Sinn 69
    7. Ideeller Zustand 70
    8. Logische Beziehung 70

B. *Zeitliche Ausdehnung des normativen Status* 70
    1. Zeitabschnitte 70
    2. Rückwirkung 71
    3. Beginn der Pflicht 72
    4. Schuld 72
    5. Existenz der Subjekte 73
        a) Normsetzungssubjekt 73
        b) Normadressat 74
        c) Bezugssubjekt 75
        d) Bedingungssubjekt 75

C. *Deontisches Feld* 75
    1. Normativer Status des Normadressaten 75
        a) Gebot 76
        b) Verbot 76
        c) Vier grundlegende Fälle 76
        d) Kombinationen 77
        e) Positive Erlaubnis 78
        f) Freiheit 78
    2. Normativer Status des Bezugssubjektes 78
    3. Normativer Status des Bedingungssubjektes 80
    4. Normativer Status des Normsetzungssubjektes 82
    5. Erweiterungen des deontischen Feldes 82
        a) Freiheit als primärer normativer Status 82
        b) Problem der Berechtigung 83
        c) Absolute und relative Rechte 85
        d) „Starker" und „schwacher" normativer Status 85

D. *Normative Resultanten* 88
    1. Einheitlicher Status 88
    2. Zusammenfassender Status 89

Inhaltsverzeichnis

    3. Bedeutung von Metanormen 92
        a) Kollisionsnormen 93
        b) Zugehörigkeit zur normativen Ordnung 93
    4. Kollektiver Status 94
        a) Generelle Normen 94
        b) Elastizität 95
        c) Vollständige Normsetzung 95
        d) Unregelmäßige Normsetzung 96
        e) Kollektiver normativer Gesamtstatus 97
        f) Gewohnheiten 97

E. *Geltung* 99
    1. Qualifikationsproblem 100
    2. Arten der Geltung 101
        a) Geltung 101
        b) Nichtgeltung 101
        c) Ungültigkeit 102
        d) Mangelnde Ungültigkeit 102
    3. Derogation 103
        a) Zeitproblem 103
        b) Relativität 104
        c) Derogationsprinzipien 105

F. *Faktisch qualifizierter Status* 106
    1. Potentieller und aktueller Status 106
    2. Effektiver und ineffektiver Status 107
        a) Teileffektivität 109
        b) Schuld 109
    3. Anerkannter und abgelehnter Status 110

G. *Ordnung des normativen Status* 111
    1. Stufenbau der Pflichten 112
    2. Oberste Pflichten 112

H. *Indikativer Status* 113

Literaturübersicht 115

I. Problemstellung

A. Normentheorie und Rechtstheorie

Bei der Beschäftigung mit dem Recht ergibt sich die Frage, ob die einzelne Rechtsnorm strukturell von anderen Normen wesensmäßig unterschieden ist oder nicht.

Liegt ein wesentlicher Strukturunterschied vor, so folgt daraus, daß der Rechtstheorie für die Erfassung des Rechtes eine überragende Bedeutung beikommt, während die Ergebnisse der Normentheorie nur in entfernterem Maß herangezogen werden können.

Liegt hingegen ein wesentlicher Strukturunterschied der Rechtsnormen zu den anderen Normen nicht vor, so sind die Ergebnisse einer allgemeinen Normentheorie unmittelbar im Bereiche des Rechtes anzuwenden. Dann können Konstruktionen, welche sich im Zusammenhang mit den Rechtsnormen ergeben, auch zur Erklärung anderer Normen herangezogen werden. Die Rechtstheorie würde sich in einem solchen Falle nur mit den Besonderheiten des Rechtes befassen. Ein Großteil der Probleme wäre dann nicht spezifisch rechtlich, sonder allgemein normativ und könnte daher von einer allgemeinen Normentheorie her erklärt werden.

Die gegenständliche Untersuchung gründet sich auf die Annahme, daß ein solcher wesensmäßiger Strukturunterschied zwischen der einzelnen Rechtsnorm und anderen Normen nicht besteht. Insbesonders ist kein hinreichender Grund dafür gegeben, jede einzelne Rechtsnorm als Zwangsnorm zu konstruieren. Wie noch im folgenden darzulegen sein wird, läßt sich die Rechtsordnung durchaus adäquat erklären, wenn man die einzelne Norm als bloß durch ein einziges gesolltes Verhalten gekennzeichnet ansieht. Der Zwang ist nach dieser Auffassung nicht das Charakteristikum der einzelnen Rechtsnorm, sondern vielmehr das Ergebnis von Normenkombinationen.

Da somit die meisten der behandelten Probleme nicht spezifisch mit den Rechtsnormen zusammenhängen, sondern sich als allgemein normative Probleme darstellen, wird versucht, als Gegenstand dieser Untersuchung die Normen ganz allgemein zu wählen. Es werden daher allgemein normentheoretische Probleme behandelt und nicht spezifisch rechtstheoretische.

Freilich läßt es sich nicht leugnen, daß das dieser Untersuchung zugrunde liegende Normenmaterial sowie die Beispiele und Probleme fast ausschließlich dem Bereich des Rechtlichen entnommen sind. Nur unter der Annahme, daß die Struktur der Rechtsnormen gleich der Struktur der anderen Normen ist, erscheint es vertretbar, die anhand von Rechtsnormen durchgeführten Untersuchungen als allgemeinnormative zu bezeichnen. Inwieweit die aus diesem Normenmaterial gezogenen Schlüsse auch für andere Normen als Rechtsnormen gültig sind, muß zur Diskussion gestellt werden.

Es kann kein Zweifel darüber bestehen, daß es vorteilhafter wäre, einer normentheoretischen Untersuchung nicht nur Rechtsnormen sondern auch andere Normen zugrunde zu legen. Da dies hier nicht der Fall ist, kann die vorliegende Untersuchung nur als eine Vorstufe zu einer umfassenderen Analyse aufgefaßt werden.

B. Positivismus und Strukturalismus

Im Zusammenhang mit der Rechtswissenschaft wurde öfters von einem Wechsel der Methode gesprochen. Es erscheint jedoch angebracht, nicht nur einen Wechsel der Methode zu diskutieren, sondern vielmehr einen Wechsel des *Gegenstandes* durchzuführen. Wird nämlich der Gegenstand der Normentheorie bloß in den positiven Normen erblickt, so bedeutet dies einen instabilen Gegenstand. Jede neue Normsetzung und jede Derogation bestehender Normen verändert den Gegenstand der Wissenschaft.

Werden anstelle der positiven Normen die *potentiellen Normen* angenommen, so ist damit nicht nur ein stabiler Gegenstand der Wissenschaft, sondern zugleich auch ein viel umfassenderer Gegenstand gewonnen. Geht die wissenschaftliche Untersuchung dahin, die Strukturen möglicher Normen zu analysieren, so kann man anstelle des auf positive Normen fixierten „Positivismus" von einem „*Strukturalismus*" sprechen.

Ausgehend von der Überlegung, daß die positiven Normen stets nur ein Sonderfall der potentiellen Normen sind, wird eine solche strukturalistische Normentheorie auch der Stellung der Normen als einem menschlichen Produkt gerechter, da die Vielfalt der historisch geschaffenen Normen in einem System der Möglichkeiten ohne weiteres Platz finden. Vor allem läßt sich der Standort von positiven normativen Strukturen innerhalb des Spektrums potentieller normativer Strukturen bestimmen.

Es ist nicht ersichtlich, warum sich die Normenwissenschaft bei ihren Untersuchungen nur an das halten soll, was die Normsetzungssubjekte oft aus unerfindlichen Gründen haben positive Normen werden lassen. Wenn man bloß die Strukturen positiver Normen untersucht, so mag dies praktisch bedeutsam sein, theoretisch ist es unergiebig. Wer garantiert schon, ob die theoretisch interessanten Normen überhaupt positiv geworden sind? Will man daher einen ausreichenden Gegenstand für eine normentheoretische Untersuchung gewinnen, so muß man sich wohl nicht bloß mit den positiven Normen allein, sondern vielmehr mit den potentiellen Normen befassen.

Neben dem Zweck, gegebene Normenordnungen transparent zu machen, kann die Aufgabe einer strukturalistischen Normentheorie insbesondere darin bestehen, das Normsetzungssubjekt bzw. bei Rechtsnormen den Gesetzgeber auf die Vielfalt möglicher Strukturen aufmerksam zu machen und so eine ausgewogene Gesetzgebung herbeizuführen. Die Zuwendung einer Normentheorie zur Praxis ist in der Weise durchführbar, daß für die Normsetzungssubjekte jene Varianten ausgearbeitet werden, welche für konkrete Regelungen in Betracht kommen.

Bei der Analyse der normativen Praxis darf nicht bloß von der Tätigkeit des Normvollzuges ausgegangen werden. Es wird in diesem Zusammenhang zumeist übersehen, daß die Normen nicht von vornherein gegeben sind. Wie jedes vom Menschen Geschaffene hat auch das Normative seinen Zweck und stellt somit ein technisches Problem dar. Die Tätigkeit der Normsetzung gehört somit in gleicher Weise zur normativen Praxis wie der Vollzug dieser gesetzten Normen.

Für die Tätigkeit des Gesetzgebers sind die meisten Gedankengänge des traditionellen Rechtspositivismus, welche auf die Praxis der Normvollziehung zurückgehen, nicht anwendbar. Abgesehen von den Normen der Verfassung bestehen für die legislative Tätigkeit keine weiteren Normen, so daß der Ansatzpunkt für rechtspositivistische Gedankengänge zum Großteil gar nicht vorhanden ist. Der Rechtspositivismus ist daher ein Versuch einer Theorienbildung, welcher nur in einem Teilbereich juristischer Lehre beheimatet ist. Die rechtspositivistischen Gedankengänge erweisen sich der legislatorischen Praxis gegenüber als nicht adäquat, da die Voraussetzung dafür, nämlich vorgegebene Normen, zumeist gar nicht existiert. Will eine juristische Theorie und somit auch die Normentheorie die Praxis umfassend begreifen, so wird sie sich in gleichem Maße den Problemen der Normsetzungssubjekte wie den Problemen der Normadressaten zuzuwenden haben. Dies ist im gegenwärtigen Zeitpunkt hinsichtlich der Praxis der Normsetzungssubjekte — zumindestens im Bereiche des Juristischen — nur in geringem Maße der Fall.

Die juristische Praxis der Legislative stellt sich als Frage der *Technik*. Es soll für einen bestimmten Zweck eine bestimmte normative Ausdrucksform gefunden werden. Der Zweck ist bestimmt und das Mittel variabel. Die Normentheorie kann eine Aussage darüber machen, welche normativen Möglichkeiten bestehen. Hingegen ist es Aufgabe der technisch orientierten Zweige der Normen- und Rechtswissenschaft, bei gegebenen Zielen anzugeben, welche Mittel zu verwenden sind.

Die einzelnen Positionen eines Spektrums möglicher normativer Konstruktionen können mit Wertkriterien konfrontiert werden. Man kann angeben, inwieweit eine Struktur einem angenommenen Wert entspricht oder widerspricht bzw. neutral ist. Je nachdem lassen sich die einzelnen Varianten des Spektrums ordnen. Insofern ergibt sich ein Optimum bzw. eine bestimmte Anzahl von gleichermaßen als optimal anzusehenden Varianten.

Die gegenständliche Untersuchung bezweckt, einige Elemente und Strukturen, welche im Zusammenhang mit den Normativen auftreten, hervorzuheben. Anschließend soll durch Kombination dieser Elemente und Strukturen ein Spektrum potentieller Normen zumindest ansatzweise aufgestellt werden.

C. Normative Notation

1. Normative Fachsprache

Die Normen, zumindest die im Bereiche des Rechtes, treten zumeist in sprachlicher Erscheinungsform auf. Es geht jedoch nicht darum, gleichsam eine Grammatik normativer Sätze aufzustellen, sondern vielmehr darum, die begriffliche Struktur der Normen hervorzuheben.

Dieses Auseinanderfallen der sprachlichen Erscheinungsform der Normen und ihrer begrifflichen Struktur kann ein Quell für Mißverständnisse sein. Deutlich wird dies etwa bei Strafnormen, wo oft nur die Sanktionsnorm formuliert wird. Die Verbotsnorm ist dann mittels Interpretation herauszulesen. So ist etwa die Zurechnungskonstruktion bei Kelsen, wo das in der Bedingung auftretende Verhalten als verboten gedeutet wird, von dieser sprachlichen Erscheinungsform her zu verstehen.

In der gegenständlichen Arbeit wird jedoch versucht, die begriffliche Struktur zum Gegenstand zu machen.

2. Symbolisierung und Formalisierung

Von der sprachlichen Erscheinungsform des Normenmaterials zu unterscheiden ist weiters die in der Normentheorie verwendete Ausdrucksweise.

Die üblichen verbalen Ausdrucksmittel sind hinsichtlich ihrer Präzision nicht unbedingt geeignet, zu ausgesprochen abstrakten, komplizierten und begrifflich differenzierten Modellen zu führen. Es erscheint da-

C. Normative Notation

her erforderlich, die Umgangssprache bzw. die übliche verbale Fachsprache durch eine eigene, symbolisierte und insoweit möglichst formalisierte Fachsprache („normative Notation") zu ersetzen.

Der Vorteil einer Symbolisierung liegt darin, daß man im Gegensatz zur Umgangssprache gezwungen wird, ein Zeichen eindeutig einem bestimmten Begriff zuzuordnen. Die daraus erfolgende begriffliche Klärung ist vom Standpunkt des wissenschaftlichen Fortschrittes wünschenswert. Ob es gelingt, über die *Symbolisierung* hinaus zu einer *Formalisierung* zu gelangen, ist eine andere Frage. Für einzelne Teilbereiche mag es durchaus zutreffen, wie etwa für das deontische Feld.

Eine normative Notation ist für die Analyse potentieller normativer Strukturen wichtig, da sich das Spektrum potentieller normativer Strukturen kaum mit verbalen Ausdrucksmitteln hinreichend beschreiben läßt.

Ab einem bestimmten Stadium der Entwicklung einer Wissenschaft zeigt sich eine deutliche Tendenz zur Abkehr von der rein verbalen Ausdrucksweise und zur Entwicklung einer auch in der Symbolik eigenständigen Fachsprache. In den Wissenschaften von Normativen ist diese Entwicklung seit ungefähr 1950 deutlich zu bemerken. Es liegt eine echte Konvergenzerscheinung vor, ohne daß sich im gegenwärtigen Zeitpunkt die eine oder die andere Schreibweise international zur Gänze durchgesetzt hätte. Die meisten Notationsversuche gehen von der jeweiligen Nationalsprache aus, wodurch eine internationale Kommunikation erschwert wird. Die Schwierigkeiten, welche dadurch auftreten, daß von den Notationen des einen Autors in die Notationen des anderen Autors gleichsam übersetzt werden muß, könnten vermieden werden. Eines der Ziele bei der Entwicklung einer normativen Notation ist daher die internationale Verwendbarkeit. Es wird daher vorgeschlagen, bei der Wahl von Symbolen nicht von einer der gegenwärtigen Nationalsprachen auszugehen, sondern vielmehr anderen Wissenschaftsbereichen folgend, soweit als möglich, die lateinische Sprache zur Grundlage zu nehmen. Sollten freilich die lateinischen Ausdrücke diesbezüglich nicht ausreichen, so wären abstrakte Symbole oder Numerierungen noch immer Kunstworten vorzuziehen. Die gegenwärtige Situation scheint für die Ausbildung einer internationalen normativen Notation insoferne günstig, da einerseits schon eine gewisse Übersicht über verschiedene Varianten möglich ist und andererseits die sich zusehends verdichtende Literatur zu einer Vereinheitlichung drängt. Freilich ist es mit einer bloßen Vereinheitlichung der Symbole noch nicht getan, wenn man nicht versucht, eine Übereinstimmung bei den Begriffen herbeizuführen. Doch ist eine einheitliche Symbolik der erste Schritt zu einer besseren wissenschaftlichen Kommunikation.

3. *Algebraisierende und geometrisierende Fachsprache*

Wenn man darangeht, eine symbolische Fachsprache für das Normative zu entwickeln, gibt es zwei Wege, welche man beschreiten kann. Einerseits kann man versuchen, eine gleichsam *algebraisierende* normative Notation zu entwickeln. Dies wird bei einigen der folgenden Abschnitte versucht. Andererseits besteht die Möglichkeit eine gleichsam *geometrisierende* Fachsprache aufzubauen, welche in Diagrammen und dergleichen bestehen kann. Hier finden ebenfalls Symbole Anwendung, wobei gleichermaßen die Regeln festgelegt sind, nach welchen diese Symbole gesetzt werden. Der Vorteil der Abstraktheit einer algebraisierenden normativen Notation wird teilweise durch die Unanschaulichkeit derselben aufgehoben. Da die Anschaulichkeit aus didaktischen Gründen zweckmäßig erscheint, wird in der gegenständlichen Arbeit der Versuch unternommen, in einem größeren Ausmaß graphische Darstellungen zu verwenden.

4. *Personen-Zeit-Diagramm*

Auf den Bereich des Normativen ist vor allem ein *Personen-Zeit-Diagramm* anwendbar. Der Faktor der Zeit ist im Bereich des Normativen von nicht zu unterschätzender Bedeutung. Nicht nur, daß sich sämtliche handelnden Personen in Raum und Zeit befinden, auch die Intentionalität der Normen ist zeitlich einordenbar. Wurde in den bisher Verwendung findenden Organisationsschemata die Bedeutung der Subjekte hervorgehoben, so erscheint es angebracht, die Bedeutung der Zeit in gleicher Weise herauszuarbeiten. Gegenüber den Netzplänen unterscheiden sich die Personen-Zeit-Diagramme dadurch, daß nicht bloß eine Aneinanderreihung von einzelnen Handlungen innerhalb der Dimension der Zeit erfolgt, sondern daß darüber hinaus die Einzelhandlungen stets erkennbar den Personen zugeordnet werden. Dies ist für den Bereich des Normativen wichtig, weil die Institutionen zumeist so aufgebaut sind, daß eine bestimmte Anzahl von Personen gegeben ist, zwischen denen sich das gesollte Geschehen abspielt.

Es darf keinen Unterschied machen, ob man als Ausdrucksmittel Diagramme verwendet oder eine algebraisierende Schreibweise. Die Diagramme müssen sich in der algebraisierenden Schreibweise genauso ausdrücken und umsetzen lassen, wie umgekehrt diese in Diagrammen ausdrückbar sein müssen.

Das Personen-Zeit-Schema ist so aufgebaut, daß auf der Vertikalen die Personen und auf der Horizontalen die Zeit eingetragen wird.

Nur bestimmte Positionen auf der Vertikalen haben eine Bedeutung, indem sie eine *Person* repräsentieren. Es ist für das Diagramm unmaß-

C. Normative Notation

geblich, ob eine Position auf der Vertikalen von einer natürlichen Person, einer juristischen Person, einem Organ oder einem Organwalter eingenommen wird. Was unter den waagrechten, parallel laufenden Linien verstanden wird, hängt davon ab, in welcher Weise man die Positionen auf der Vertikalen definiert. In welcher Reihenfolge werden die Personen eingetragen? Das hängt davon ab, wie man die Gesichtspunkte für die Reihenfolge festlegt. Es gibt hier mehrere Kriterien. Man kann von einem hierarchischen Prinzip ausgehen und jene Subjekte, welche sich in der Hierarchie gleichsam „oben" befinden, auf einem „höheren" Platz auf der Vertikalen eintragen. Für den Inhalt des Dargestellten ist es gleichgültig, in welcher Reihenfolge die Personen angenommen werden. Nicht hingegen ist dies unter einem optischen, didaktischen Gesichtspunkt gleichgültig. Man tut daher gut daran, bei der Reihenfolge der Personen auf solche Gründe Bedacht zu nehmen.

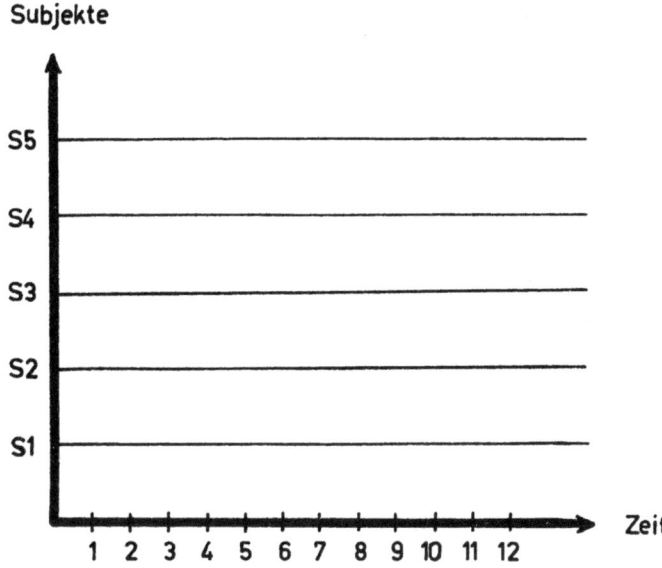

Auf der Horizontalen des Diagramms wird die *Zeit* eingetragen. Es kann unmaßgeblich sein, wie groß die physikalische Zeit ist, welche zwischen zwei Akten vergeht. So kommt es zum Beispiel bei einem Verfahren nicht darauf an, wieviel Monate, Wochen oder Tage seit dem Beginn des Verfahrens vergangen sind, sondern vielmehr darauf, in welchem Verfahrensstadium sich das Geschehen befindet. Die Veränderung des Verfahrens ist daher nicht nach der physikalischen Zeit, sondern nach der Anzahl der vergangenen Akte zu bestimmen. Die Zeit wird daher als *"funktionelle"* Zeit aufgefaßt. Das Messen und das Einordnen eines konkreten Geschehens in der Zeit erfolgt bei einer funktionellen Zeit im Hinblick auf die vergangenen Akte. Zwar spielt sich das juristische Geschehen in der Zeit im physikalischen Sinne ab. In der Rechtsordnung ist aber die Sukzession der Rechtsakte oft bedeutender als die Sukzession konkreter physikalischer Zeiteinheiten. Die Bevorzugung der funktionellen Zeit gegenüber der physikalischen Zeit ist für eine institutionelle Denkweise charakteristisch.

Während auf der Horizontalen die physikalische Zeit kontinuierlich aufgetragen wird, wird die funktionelle Zeit diskontinuierlich, das heißt nur in bestimmten Punkten aufgetragen.

Bei der funktionellen Zeit ergeben sich gegenüber der physikalischen Zeit folgende Besonderheiten: Im Gegensatz zur physikalischen Zeit ist bei der funktionellen Zeit eine *Reversibilität* möglich. Es gibt Fälle, bei denen ein erfolgter Verfahrensgang aufgehoben und das ganze Verfahren in den vorigen Stand zurückversetzt wird. Es ist möglich, daß ein grundsätzlich vorgeschriebener Verfahrensgang aufgrund besonderer Vorschriften hinsichtlich einzelner oder mehrerer Stadien übersprungen werden kann.

Das Verfahren kann in einem bestimmten Stadium *perpetuiert* werden, indem zum Beispiel die Setzung neuer Rechtsakte verboten wird, wie dies bei der Rechtskraft der Fall ist.

Schwieriger ist bei den Personen-Zeit-Diagrammen die Darstellung von Alternativen. Hier lassen sich entweder gesonderte Diagramme aufstellen oder die verschiedenen Möglichkeiten werden mit verschiedenen Zeichen in ein Diagramm eingetragen.

Da jedes normative Geschehen als Verfahren aufgefaßt werden kann, ist das Personen-Zeit-Diagramm inhaltlich sehr ausbaufähig und ermöglicht es, den gesamten Bereich des Normativen in dieser Weise darzustellen.

Die im folgenden verwendeten graphischen Darstellungen sind jedoch in der überwiegenden Anzahl statisch. Die große Anzahl der graphischen Darstellungen ist auf das Bestreben zurückzuführen, die abstrakten Konstruktionen möglichst anschaulich erscheinen zu lassen.

D. EDV-Einsatz

Für den Einsatz der EDV im Bereiche des Normativen gibt es eine Vielzahl von Möglichkeiten.

D. EDV-Einsatz

1. Normsetzungssubjekt

Für das *Normsetzungssubjekt* eröffnet sich durch den EDV-Einsatz die Möglichkeit zur Antizipation und Simulation zukünftiger Situationen.

2. Normadressat

Für den *Normadressaten* bedeutet der EDV-Einsatz vor allem eine quantitative Entlastung im Hinblick auf ein schwer überschaubares Normenmaterial, sowie eine Hilfe bei Routinetätigkeiten.

3. Wissenschaft

Im Bereiche der *Wissenschaft* ermöglicht es der Einsatz der EDV, das Spektrum potentieller Normen taxativ durchzudiskutieren. Die Änderung des Gegenstandes von den positiven Normen zu den potentiellen Normen bedeutet auch eine Umstellung methodischer Art. Es kommen andere begriffliche Instrumentarien zum Einsatz, welche sich durch eine größere Präzision auszeichnen. Das höhere begriffliche Niveau bedeutet gleichzeitig die Voraussetzung für den Einsatz der EDV. Aber auch der Einsatz der EDV. Aber auch der Einsatz der EDV in den Praxisbereichen stellt eine Herausforderung an die Theorie dar. Es zeigt sich nämlich dabei, daß eine entsprechende begriffliche Analyse die wesentlichste Voraussetzung für einen erfolgreichen Einsatz der EDV im Bereiche des Normativen ist.

4. Unterricht

Schließlich darf der Einsatz der EDV im Bereiche des *Unterrichts* nicht vergessen werden. So etwa könnte die juristische Didaktik durch einen EDV-unterstützten programmierten Unterricht wesentlich verbessert werden. Geht man weiters von der großen didaktischen Bedeutung graphischer Darstellungen aus, so erweisen sich die EDV-Bildschirmgeräte als ein besonders interessantes Unterrichtsmittel.

II. Norm

A. Definitionen

Eine der getroffenen Ausgangsposition ist die, daß die Normen als zwischen *Subjekten* bestehend angenommen werden. Unter Subjekten werden ausschließlich *physische* Personen verstanden.

Obwohl es klar sein dürfte, daß Normen nur von und an physische Personen gesetzt werden können, widerspricht es z. B. dem juristischen Bewußtsein, wo „juristischen Personen", „Organen" eine dominierende Rolle eingeräumt wird. Es wird im folgenden versucht werden, diese sogenannten „juristischen Personen" in einer solchen Weise zu konstruieren, daß das ausschließliche Substrat in physischen Personen und Normen besteht.

Es wird daher im folgenden versucht werden, ein System der Normentheorie ausschließlich von physischen Personen ausgehend aufzubauen. Sicherlich ergeben sich aus dem konsequenten Einhalten dieses Ansatzes Probleme. So bereitet es Schwierigkeiten, bestimmte komplexe Erscheinungen im Bereiche des Normativen zu erklären. Der hier gewählte Ansatz ist aber insoferne ein Experiment, als versucht wird, die Grenze darzulegen, wieweit ein solcher Ansatz, der nur physischen Personen als Subjekte enthält, leistungsfähig ist. Es ist durchaus einsichtig, daß es auch für diesen Ansatz Grenzen der Brauchbarkeit gibt. Dann ist eben zu überlegen, inwieweit dieser Ansatz zu berichtigen ist oder ob weitere Konstruktionen übernommen werden sollen, welche sich in der Erklärung des normativen Materials als leistungsfähiger erweisen.

Es werden also unter dem Worte „Subjekt" grundsätzlich physische Personen, d. h. Menschen, verstanden.

1. Aktion

Seitens der Subjekte werden *Aktionen* gesetzt. Darunter wird ein äußeres Verhalten eines Menschen verstanden.

2. Interaktion

Richtet sich diese Aktion an ein anderes Subjekt, so kann sie als *Interaktion* bezeichnet werden. Für diese Interaktion ist nur die Ausrichtung auf ein anderes Subjekt maßgeblich, es hängt nicht davon ab, ob dieses andere Subjekt dadurch tatsächlich erreicht wird.

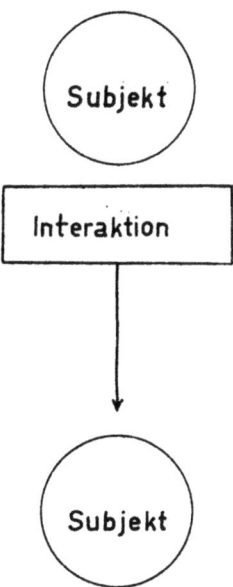

Diese Betonung der Subjekte steht im Gegensatz zur Auffassung Kelsens. Dort werden nur Subjekte erfaßt, soweit sie Inhalt der Norm sind. Hier hingegen wird versucht, die Subjekte nicht nur als Inhalt der Norm zu betrachten („nominelle Normsubjekte"), sondern auch der Bedeutung der Subjekte als Voraussetzung und als Ziel der Interaktion („reale Normsubjekte") gerecht zu werden. Dies bedeutet keine Vermischung, denn es muß im einzelnen Fall sehr wohl unterschieden werden, ob das Subjekt als nominelles Normsubjekt oder als reales Normsubjekt auftritt.

Die Interaktionen können eingeteilt werden in das „faktische Verhalten" und in die „Information", wobei die letztere wiederum in die „Norm" und die „Aussage" zerfällt. Im einzelnen ist darüber folgendes zu sagen:

3. Faktisches Verhalten

Das *faktische Verhalten* ist eine Interaktion, welcher keine Sinnvermittlung zukommt. So z. B. wäre die Übertragung eines Gegenstandes an ein anderes Subjekt ein solches faktisches Verhalten. Das faktische Verhalten ist jene Interaktion, bei welcher das Sein nicht zugleich einen Sinnträger darstellt.

II. Norm

4. Information

Die *Information* hingegen ist eine Interaktion, welche nicht nur ein faktisches Substrat (Sein) enthält, sondern zugleich auch der Vermittlung eines Sinnes dient.

Der *Sinn* kann ein Sollen enthalten oder sollensneutral sein. Im ersteren Falle kann die Information als „Norm" bezeichnet werden, im zweiten Falle als „Aussage".

5. Norm

Unter einer *Norm* wird hier eine Information verstanden, deren Inhalt (Sinn) durch ein Sollen gekennzeichnet ist.

Für die Norm sind also folgende Elemente maßgeblich:

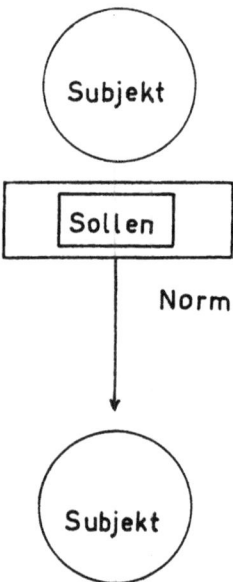

Es muß ein reales *Normsetzungssubjekt* vorhanden sein, welches ein Verhalten (Aktion) setzt. Diese Aktion ist an ein anderes Subjekt (*Normadressat*) gerichtet (*Interaktion*) und dient der Übermittlung eines Sinnes (*Information*). Der Inhalt des Sinnes ist durch ein *Sollen* gekennzeichnet.

Die Existenz des Normadressaten oder dessen Kenntnis von der Norm ist für die Existenz der Norm nicht notwendig. Ein Normadressat muß bloß als „nominelles Normsubjekt" im Inhalt der Norm aufscheinen. Die Norm ist dann *existent*, wenn Akt und Sinn existent sind. Dadurch ergibt sich auch die notwendige Existenz des Normsetzungssubjektes.

Ob die diversen Elemente, auf welche sich der Inhalt der Norm intentional bezieht, real gegeben sind oder nicht, ist für die Existenz der Norm nicht relevant, wohl aber eventuell für deren Aktualisierung, Effektivität etc. Diese Fragen sind jedoch in einem späteren Zusammenhang zu besprechen.

Die einzelne Norm richtet sich von einem einzigen Normsetzungssubjekt an einen *einzigen* Normadressaten. Sind mehrere Normadressaten gegeben, so liegen mehrere Normen vor.

6. Aussage

Bei der Information wurde unterschieden, ob der Inhalt ein Sollen enthält oder sollensneutral ist. Der zweite Fall wurde als *Aussage* bezeichnet. Die Verwendung des Wortes „Aussage" für eine Interaktion ist ungewöhnlich, da mit diesem Wort zumeist nur der Inhalt gemeint, nicht jedoch auch der Sinnträger mitumfaßt wird. Da jedoch der interaktionistische Charakter sowohl der Normen wie auch der übrigen Informationen betont wird, wurde das Wort „Aussage" bewußt für eine sollensneutrale Information verwendet.

Die indikativen Elemente normativer Ordnungen, z. B. Legaldefinitionen im Recht etc., werden zumeist als Normen („unvollständiger Normen") gedeutet. Es besteht jedoch kein hinreichender Grund, diese indikativen Elemente gegenüber den normativen Elementen zurückzusetzen. Es handelt sich vielmehr etwa bei den *Rechtsaussagen* um einen den Rechtsnormen gleichwertigen Bestandteil der Rechtsordnung. Es trifft zwar zu, daß die Rechtsnormen das charakteristische Element der Rechtsordnung sind, doch besteht deshalb kein Anlaß, die Rechtsaussagen in („unvollständige") Rechtsnormen umzubiegen. Die Rechtsordnung besteht demnach nicht aus Rechtsnormen allein, sondern auch aus Rechtsaussagen. Der Vorteil einer solchen Konstruktion zeigt sich insbesondere dann, wenn eine Rechtsaussage für viele Rechtsnormen von Bedeutung ist, wie etwa eine Legaldefinition. Wenn man nämlich bei der Konstruktion der unvollständigen Rechtsnormen bleibt, ergibt sich bei mehreren Normen, welche an diese Rechtsaussage anknüpfen, die Frage, im Hinblick auf welche der vielen Rechtsnormen eine unvollständige Norm gegeben ist. Bei einer Rechtsaussage hingegen ist dies die Frage der Relation dieser Rechtsaussage zu einer Menge von Rechtsnormen.

7. Zum Kelsenschen Normbegriff

Die Kelsensche Gegenüberstellung von *Sein* und *Sollen* ist zu modifizieren: Bei Kelsen bezeichnet das Wort Norm einen Sinn, der ein Sollen enthält. Die Gegenüberstellung erfolgt bei Kelsen zwischen dem

Sein und dem Sollen. Richtiger wäre vielmehr eine Gegenüberstellung zwischen dem Sein und dem *Sinn.* Der Sinn muß nämlich kein Sollen enthalten, sondern kann auch sollensneutral sein.

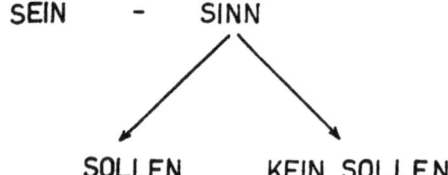

Wird nun das Sollen dem Sein gegenübergestellt, so bedeutet dies, daß eine Untergliederung des Sinnes in einen Gegensatz zum Sein gebracht wird. Das wesentliche, dabei auftretende Problem, daß nämlich aus dem Sollen allein noch nicht auf das Sein geschlossen werden kann, tritt gar nicht erst beim Sollen auf, sondern bereits beim Sinn, unabhängig davon, ob dieser ein Sollen beinhaltet oder sollensneutral ist. Enthält der Sinn kein Sollen (Aussage), so kann ebenfalls aus diesem Sinn noch nicht geschlossen werden, daß ein entsprechendes Sein gegeben ist. Der wesentliche Unterschied ist also der zwischen Sein und Sinn und nicht zwischen Sein und Sollen.

Freilich ist der Kelsensche Normbegriff so geartet, daß nur der Sinn damit umfaßt wird. Hier hingegen wird als Norm eine Interaktion bezeichnet, so daß dieser Normbegriff auch das Sein, den realen Sinnträger der Interaktion mitumfaßt. Die verschiedene Verwendung des Wortes „Norm" ist aber nur eine Bezeichnungsfrage. Die begriffliche Struktur ist in beiden Fällen klar.

Eine Ausgangsposition ist wie erwähnt die, daß die Normen als zwischen *Subjekten* gesetzt angenommen werden. Unter Subjekten werden ausschließlich *physische* Personen verstanden.

B. Normsetzung

Das Problem der Normsetzung ist insoferne kein spezielles, als mehrere Fragen bereits bei der *Information,* welche als Interaktion verstanden wird, auftreten.

1. Subjekte der Normsetzung

Da die Interaktion (Akt und Sinn) nicht isoliert betrachtet werden kann, sondern die Subjekte einbezogen werden müssen, stellt sich die Frage, wie die bei der Informationssetzung beteiligten Subjekte zu bezeichnen sind.

Das Subjekt, von dem die Information ausgeht, kann als Informationssetzungssubjekt und jenes Subjekt, an welches die Information gerichtet ist, als Informationsadressat bezeichnet werden.

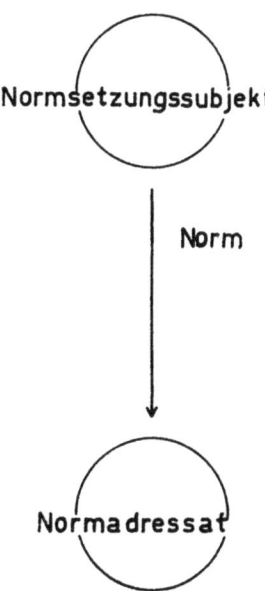

Dementsprechend ist bei den Normen zwischen dem *Normsetzungssubjekt* und dem *Normadressaten* zu unterscheiden.

Für die Aussage, welche hier ebenfalls als Interaktion aufgefaßt wird, ergibt sich ein Aussagensetzungssubjekt und ein Aussagenadressat.

a) Intersubjektive Normen

Normen, welche zwischen zwei physischen Personen gesetzt werden, können als *intersubjektive* Normen aufgefaßt werden. Der Gegenstand dieser Untersuchung sind ausschließlich solche intersubjektive Normen.

Gibt es jedoch neben diesen intersubjektiven Normen noch andere Normen?

b) Innersubjektive Normen

Zunächst ist an Normen zu denken, welche innerhalb eines Subjektes gesetzt werden, also *innersubjektive* Normen. Bei solchen innersubjektiven Normen kann man nicht von einem Normsetzungssubjekt oder einem Normadressat sprechen, da keine getrennten Subjekte bestehen. Wenn man die Existenz solche Normen überhaupt annimmt, empfiehlt sich als Bezeichnung das Wort „Instanz". Man kann dann von einer Normsetzungsinstanz und von einer Normempfangsinstanz sprechen. Nimmt man solche innersubjektiven Normen an, dann wird dadurch der Ansatz aufgegeben, wonach Normen nur zwischen physischen Personen gesetzt werden. In diesem Ansatz wären neben physischen Personen auch innersubjektive Instanzen enthalten. Ein solcher Ansatz wäre durchaus möglich, wird aber hier nicht gewählt.

c) Organisationsnormen

Vor allem in der Rechtspraxis kommt es immer wieder vor, daß Normen scheinbar zwischen *Organisationen* („Juristische Personen") gesetzt werden. Es wird hier die Behauptung vertreten, daß es sich dabei letztlich auch nur um Normsetzungen zwischen physischen Personen handelt. Freilich sind die zugrundeliegenden Konstruktionen sehr differenziert und können ganz verschiedene Organisationsgrade erreichen.

d) Metaphysische Normen

Da eine Normentheorie eine allgemeine sein und sich nicht vornehmlich an Rechtsnormen orientieren soll, erscheint es angebracht, die Frage der Normsetzung noch im Zusammenhang mit anderen Normen zu besprechen. Insbesondere im Bereiche der Religion kommen Normen vor, welche von metaphysischen Instanzen an den Menschen gerichtet werden (z. B. Offenbarungen) oder welche vom Menschen an diese metaphysischen Instanzen adressiert sind (z. B. Gebet). *Metaphysische* Normen sind also solche, bei welchen anstelle eines Normsubjektes eine metaphysische Instanz auftritt. Es wäre durchaus denkbar, solche metaphysischen Normen auch in den Normbegriff einzubeziehen. Gegenüber einem solchen erweiterten Normbegriff ist der hier verwendete Normbegriff insofern ein eingeschränkter.

2. *Normenkombination*

Interaktionen müssen nicht isoliert auftreten. Sind mehrere Interaktionen gegeben, so stellt sich das Problem der *Kombination von Interaktionen*.

Da Interaktionen in Normen, Aussagen und faktischen Verhalten unterschieden werden können, ergeben sich folgende Möglichkeiten der Kombination:

Kombination von Normen

Kombination von Aussagen

Kombination von faktischen Verhalten

B. Normsetzung

Kombination von Normen und Aussagen
Kombination von Normen und faktischen Verhalten
Kombination von Aussagen und faktischen Verhalten
Kombination von Normen, Aussagen und faktischen Verhalten

Da diese Fragen im Zusammenhang mit der Normsetzung besprochen werden, steht hier nicht so sehr die inhaltliche Beziehung im Vordergrund, sondern vielmehr die Frage, von welchem Subjekt an welches Subjekt diese Interaktionen gesetzt werden. Es sind hier die verschiedensten Kombinationen von Subjekten und Interaktionen möglich, wobei im folgenden nur einige wenige Fälle der Kombination von Normen hervorgehoben werden. Eine taxative Übersicht über die möglichen Kombinationen ist sinnvollerweise wohl nur mit Hilfe der EDV durchzuführen.

a) Parallele Normen

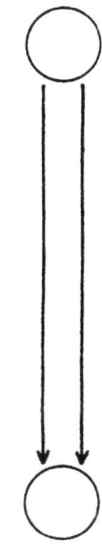

Parallele Normen liegen dann vor, wenn mehrere Normen von ein und demselben Normsetzungssubjekt an ein und denselben Normadressaten gerichtet werden.

b) Generelle Normen

Generelle Normen stellen sich als ein „Bündel einfacher Normen" dar, welche von ein und demselben Normsetzungssubjekt an verschiedene Normadressaten gerichtet sind.

Geht man aber von einer isolierten, interaktionistischen Normenkonstruktion aus, so besteht gar keine andere Möglichkeit, als generelle Normen wie ein Bündel individueller Normen aufzufassen.

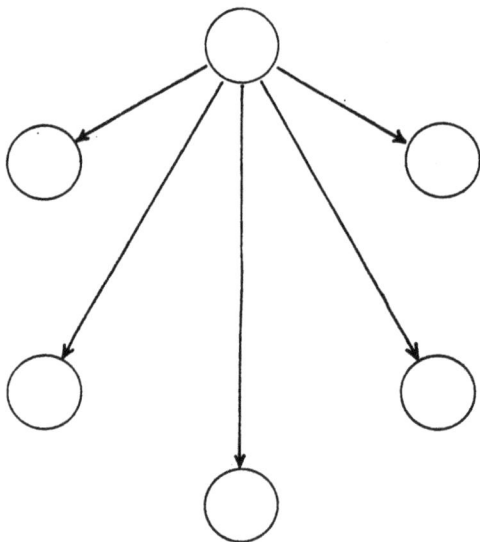

In der sprachlichen Formulierung des Norminhaltes scheinen meistens generelle Formulierungen auf. Eine solche generelle Bezeichnung des Adressatenkreises bringt eine zeitliche Elastizität mit sich: Es ist zum Zeitpunkt der Normsetzung noch nicht feststehend, wie viele Personen, auch wenn sie noch nicht existieren, unter den Adressatenkreis fallen. Löst man jedoch eine generelle Norm in ein Bündel einfacher Normen auf, so ergibt sich damit, daß zum Zeitpunkt der Normsetzung noch nicht bestimmt sein muß, wie viele Einzelnormen letztlich gegeben sind. Es liegt zwar eine Setzung genereller Normen vor, doch die Zahl der Einzelnormen ist unbestimmt. Solch ein „gleitender Adressatenkreis" spielt nicht nur bei den sogenannten „juristischen Personen" eine Rolle, wo sich die Normen an das „jeweilige Organ" oder an den „jeweiligen Organwalter" inhaltlich richten, sondern hat auch im Zusammenhang mit dem „kollektiven normativen Status" Bedeutung.

c) Reziproke Normen

Reziproke Normen sind solche, bei denen der Adressat der einen Norm gleichzeitig auch das Normsetzungssubjekt der anderen Norm und umgekehrt ist. Solche reziproke Normen kommen bei beiderseits verbindlichen Verträgen vor, sie bilden aber auch das normative Grundmodell der Demokratie.

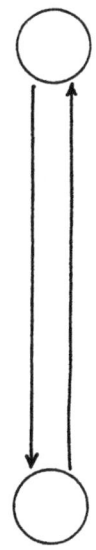

d) Vollständige Normsetzung

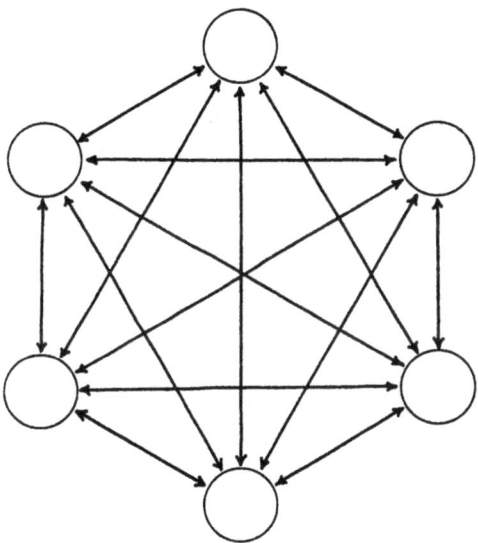

Eine *vollständige* Normsetzung liegt dann vor, wenn jedes der gegebenen Subjekte an alle anderen dieser Subjekte eine Norm richtet. Jedes Subjekt ist gleichzeitig Normsetzungssubjekt und Normadressat. Es setzt so viele Normen, wie restliche Subjekte vorhanden sind, und empfängt eine ebenso große Anzahl von Normen. Es handelt sich dabei um einen Idealfall, welcher eventuell bei kollektiven Verträgen vorkommt. Auch der Idealfall des Gewohnheitsrechtes würde sich in die Richtung der vollständigen Normsetzung bewegen.

3. Prozeß der Normsetzung

Die Norm als Interaktion ist nicht nur wesensmäßig mit einem real existierenden Normsetzungssubjekt verbunden, sondern darüber hinaus in einen *Prozeß der Normsetzung* eingeordnet.

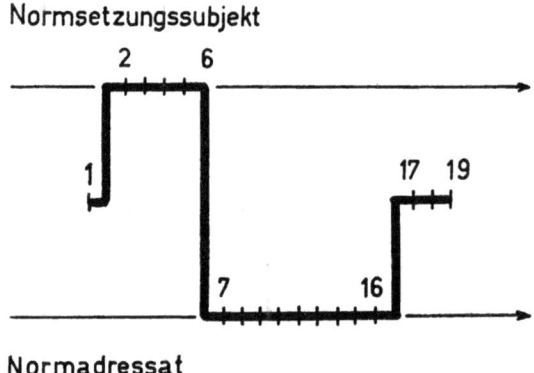

Dieser Prozeß der Normsetzung beginnt mit der Situation, in welcher sich das Normsetzungssubjekt befindet, und endet mit dem Eintritt des Erfolges aufgrund der Setzung des gesollten Verhaltens durch den Normadressaten. Zwischen diesen beiden Endpunkten liegt eine mehr oder weniger große Anzahl verschiedener Phasen, welche sich zu einem Ablaufschema zusammenfügen. Die im folgenden dargelegten Phasen sind nur als Provisorium anzusehen, um zu zeigen, daß eine Einordnung in einen Zusammenhang möglich ist. Diese Einordnung der Normsetzung in einen größeren, zeitlich gegliederten Zusammenhang ist jedoch nicht nur als individuelle, d. h. als zwischen mehreren Einzelpersonen bestehend zu sehen, sondern auch als eine gesellschaftliche Einordnung. Es ist jedoch nicht Aufgabe dieser Darlegung, zu zeigen, inwieweit die Normsetzung soziologisch eingeordnet ist. Dies ist auch je nach der Art der Normen, die behandelt werden, verschieden. So sind etwa Rechtsnormen anders gesellschaftlich eingebettet als etwa die Regel der Technik. Um jedoch die Erscheinung des Normativen umfassend zu begreifen, ist eine Isolation auf eine einzige Phase, nämlich auf die Phase der Normsetzung unzureichend.

B. Normsetzung

a) Phasen des Normsetzungsprozesses

An einzelnen Phasen des Prozesses der Normsetzung ist hervorzuheben:

1. Situation
2. Erkenntnis der Situation durch das Normsetzungssubjekt
3. Erkenntnis der Möglichkeiten durch das Normsetzungssubjekt
4. Bewertung der Möglichkeiten durch das Normsetzungssubjekt
5. Willensentscheidung des Normsetzungssubjektes
6. Normsetzung
7. Erkenntnis der Norm durch den Normadressaten
8. Erkenntnis der Möglichkeiten durch den Normadressaten
9. Bewertung der Möglichkeiten durch den Normadressaten
10. Willensentscheidung des Normadressaten
11. Eintritt der Bedingung
12. Erkenntnis des Eintrittes der Bedingung durch den Normadressaten
13. Erkenntnis der Möglichkeiten durch den Normadressaten
14. Bewertung der Möglichkeiten durch den Normadressaten
15. Willensentscheidung des Normadressaten
16. Setzung des gesollten Verhaltens
17. Eintritt des Erfolges
18. Eintritt des weiteren Erfolges
19. Eintritt einer Rechtsfolge

Diese Phaseneinteilung ist, wie gesagt, eine provisorische. Eine andere Phaseneinteilung — etwa einem kybernetischen Modell folgend — wäre durchaus möglich.

Im konkreten Fall ist die zeitliche Dauer der einzelnen Phasen sehr verschieden bzw. können Phasen übersprungen werden.

Die Bedeutung eines solchen Prozesses der Normsetzung liegt darin, daß die verschiedenen mit der Norm verbundenen Begriffe zeitlich eingeordnet bzw. phasenmäßig bestimmt werden können.

b) Phasen als Anknüpfungspunkte

Der Prozeß der Normsetzung liefert auch *Anknüpfungspunkte* für andere Normen.

Es können andere Normen in ihren Bedingungen oder im gesollten Verhalten oder in sonstigen Elementen des Inhaltes an einzelne Phasen des Normsetzungsprozesses anknüpfen. So knüpft bei der Sanktion eine zweite Norm an der Ineffektivität der ersten Norm an. Es sind hier die verschiedensten Kombinationen denkbar.

C. Norminhalt

Während sich die Frage der Normsetzung darauf bezieht, ob eine Norm tatsächlich vom Normsetzungssubjekt gesetzt wird, bezieht sich die Frage des Norminhaltes nicht auf den Akt, sondern vielmehr auf den Sinn der Norm. Innerhalb des Sinnes der Norm kommen wiederholt bestimmte Elemente vor, welche im folgenden besonders hervorzuheben und im einzelnen zu besprechen sind:

1. *Normsetzungssubjekt*

Das *Normsetzungssubjekt* muß im Inhalt der Norm nicht ausdrücklich hervorgehoben sein. Bei gesprochenen Normen ist es unüblich, daß das Normsetzungssubjekt sich selbst erwähnt. Bei geschriebenen Normen hingegen wird zumindest aus der Unterschrift des gesamten Textes erkennbar sein, um welches Normsetzungssubjekt es sich handelt.

2. *Normadressat*

Die Nennung des *Normadressaten* hingegen ist für den Norminhalt wesentlich. Wird nämlich nicht gesagt, wer der Normadressat ist, so ist es unmöglich, das gesollte Verhalten einem Subjekt zuzuordnen. Kann einer sprachlichen Formulierung nicht entnommen werden, wer der Normadressat ist, so liegt keine Norm vor. Freilich ist nicht so sehr die sprachliche Formulierung allein ausschlaggebend, sondern vielmehr die dahinterstehende begriffliche Struktur. Diese Spannung zwischen dem sprachlichen Ausdruck und der begrifflichen Struktur wird — vom Normadressaten oder einer dritten Person her gesehen — durch die *Interpretation* überwunden. Die gegenständliche Untersuchung bezieht sich jedoch nicht auf die Probleme der Interpretation, also nicht auf die Frage der sprachlichen Formulierung, sondern vielmehr auf die begriffliche Strukturierung.

Wenngleich ein Normadressat in der Norm genannt sein muß, so ist es für die Existenz der Norm dennoch nicht erforderlich, daß dieser in der Norm genannte Normadressat auch tatsächlich existiert oder daß er von dieser Norm Kenntnis erhalten hat. Die Norm ist gegeben, wenn Akt und Sinn gegeben sind. Die Existenz der in der Norm bezeichneten Elemente ist für die Existenz der Norm selbst nicht maßgeblich.

3. *Gesolltes Verhalten*

Das Zentrum des Norminhaltes besteht darin, daß dem Normadressaten vorgeschrieben wird, ein bestimmtes *gesolltes Verhalten* zu setzen.

$$N(A)$$

C. Norminhalt

a) Einziges gesolltes Verhalten

Es stellt sich die Frage, ob innerhalb einer Norm nur ein einziges oder mehrere gesollte Verhalten aufscheinen können. Es erscheint jedoch zweckmäßig, die Norm so zu konstruieren, daß in ihr nur ein *einziges* gesolltes Verhalten aufscheint. Die Definition der Norm ist also zu erweitern: maßgeblich ist nicht nur ein reales Normsetzungssubjekt und eine reale Interaktion (Akt und Sinn, der ein Sollen enthält) sondern dieses Sollen beinhaltet nur ein einziges gesolltes Verhalten. Eine solche definitorische Abgrenzung mag als willkürlich erscheinen, ist jedoch aus den nachstehenden Gründen zweckmäßig.

Werden mehrere Verhaltensweisen vorgeschrieben, so liegen eben mehrere Normen vor.

Der Grund dafür, daß die einzelne Norm nur durch ein einziges gesolltes Verhalten charakterisiert wird, liegt darin, daß sich die diversen komplizierten normativen Konstruktionen durchaus durch solche „*einfache Normen*" erklären lassen.

Selbst die kompliziertesten normativen Gebilde lassen sich mit solchen gleichsam atomistischen Normen aufbauen. Würde man einen Normbegriff dermaßen wählen, daß in einer Norm mehrere gesollte Verhalten enthalten sein können, so würden unter Umständen zwar die selben Ergebnisse, nicht aber die gleiche begriffliche Transparenz erreicht werden. Liegt ein komplexes normatives Gebilde vor, dann besteht kein Grund, dieses als eine einzige komplexe Norm zu deuten. Vielmehr sind solche Konfigurationen den Makromolekülen der Chemie vergleichbar, die ebenfalls durch die Atomstrukturen zu erklären sind.

Es werden daher auch jene Normkonstruktionen abgelehnt, welche in einer einzigen Norm, von der Verfassung beginnend bis zum Vollstreckungsakt, sämtliche normativen Elemente enthalten. Es erscheint denkunökonomisch, komplexe normative Gebilde mit einem komplexen Normbegriff, welcher mehrere gesollte Verhalten enthält, zu erklären. Derselbe Erklärungseffekt läßt sich auch mit einfachen Normen erreichen.

b) Sanktion

Demnach ist die *Sanktion* nicht das Problem des Inhaltes einer einzigen Norm, sondern ergibt sich aus einer Kombination einfacher Normen. Zu der Verbotsnorm tritt eine weitere Norm hinzu, die Sanktionierungsnorm. Da das Verbot zumeist einen anderen Normadressaten besitzt als die vorgeschriebene Sanktionierung, zeigt sich hier deutlich der Vorteil einer Kombination einfacher Normen.

$$N(A)1$$
$$N(\neg A/B)2$$

Es gibt freilich Auffassungen, nach welchen die einzelne Norm aus Tatbestand und Zwangsfolge besteht, wobei sowohl im Tatbestand als in der Zwangsfolge ein Sollen enthalten sein kann. Der Tatbestand lautet etwa dahingehend, daß man nicht stehlen soll, während die Zwangsfolge im Falle des Deliktes vorschreibt, die Strafe zu verhängen. Die Normenordnung besteht nach dieser Auffassung aus solchen Normen, welche jeweils durch diese zwei Elemente gekennzeichnet sind. Geht man jedoch davon aus, daß die Norm das Bauelemente der Normenordnung ist, gleichsam also der kleinste Teil der Sollenszuordnung, so erscheint es wiederum verwunderlich, daß in diesem Element des Sollens eine Quantität gesollten Verhaltens aufscheint: Einerseits nämlich das Verbot der Setzung des Deliktes und andererseits das Gebot zur Verhängung der Strafe.

Es erscheint konsequenter, daß die Norm als Element der Normenordnung nur einziges gesolltes Verhalten enthält. Bei Sanktionskonstruktionen müssen aber nicht nur zwei Normen beteiligt sein, es können durchaus mehrere sein. Festzuhalten ist dabei aber, daß der Zwang bzw. die Sanktion nicht als ein *Bestandteil* einer einzigen Norm aufzufassen ist, sondern vielmehr ein Ergebnis, welches sich aus einer *Normenkombination* ergibt. Es ist daher nicht notwendig, eine Normenordnung stets als aus Doppelnormen zusammengesetzt anzusehen, sondern die gleiche Normenordnung läßt sich mit einer Kombination einfacher Normen, wobei jede Norm nur ein einziges gesolltes Verhalten enthält, gleichermaßen erklären.

Hinsichtlich der Normstruktur der einzelnen Norm besteht also kein Unterschied etwa zwischen dem Recht und der Moral. Die Unterschiede zwischen diesen beiden normativen Ordnungen liegen nicht bei der einzelnen Norm sondern vielmehr bei anderen Kriterien wie etwa typische Normenkombinationen, Effektivität, Anerkennung, soziologische Einordnung etc. Weiters ist die Konstruktion einer solchen „einfachen Norm" auch für das Völkerrecht von Bedeutung. Es führt nämlich zu keinem befriedigendem Ergebnis, das Völkerrecht zur Gänze als aus zwangsbewehrten Doppelnormen zusammengesetzt auffassen zu wollen. Die normative Vielfalt des Völkerrechtes läßt sich adäquater durch einfache Normen beschreiben. Soweit im Völkerrecht Zwangsmechanismen enthalten sind, lassen sie sich ebenfalls durch Kombinationen einfacher Normen darstellen.

c) Einheit

Worin besteht die *Einheit* des gesollten Verhaltens? Möglicherweise kann nämlich das gesollte Verhalten in mehrere Verhaltensphasen zerlegt werden. Nimmt man an, daß eine solche Verhaltensphase ein selbständiges Verhalten darstellt, so würde das gesollte Verhalten sich wiederum aus einer Vielzahl selbständiger Verhalten zusammensetzen. Die Frage, welche Kriterien für die Einheitlichkeit des gesollten Verhaltens maßgeblich sind, läßt sich nur im Zusammenhang auf den konkreten Norminhalt und vor allem im Hinblick auf den konkreten Willen des Normsetzungssubjektes lösen. Der Norminhalt entspricht einem Teilausschnitt des Willens des Normsetzungssubjektes und ist daher vorzüglich vom Bereiche des Willens des Normsetzungssubjektes und der Willensäußerung her zu verstehen. Die Einheit des gesollten Verhaltens hängt daher letztlich vom Willen des Normsetzungssubjektes ab.

Worin besteht die Einheit des gesollten Verhaltens, wenn mehrere Verhaltensweisen *alternativ* gesollt sind?

$$N(A \vee B)$$

Es liegt hier ein Fall des Ermessens vor. Wenngleich auch in der logischen Struktur mehrere Verhaltensweisen durch Disjunktionen verbunden sind, so ist letztlich nur ein einziges Verhalten gesollt. Es stellt sich jedoch hier das Problem, ob nicht auch alternativ gesollte Verhaltensweisen in Einzelnormen zerlegt werden können, wobei die charakteristische Verknüpfung dieser Einzelnormen durch die Bedingungen erfolgt.

d) Negation

Die *Negation* des Norminhaltes bzw. des gesollten Verhaltens ist zu unterscheiden von der Negation der Existenz der Norm. Es ist ein Unterschied, ob keine Norm gegeben ist oder ob eine Norm vorliegt, welche vorschreibt, daß ein bestimmtes Verhalten nicht gesetzt werden soll. Beide Negationen können nicht miteinander vertauscht werden.

$$\neg N(A)$$
$$N(\neg A)$$

Der *normative Operator* ist stets der des *Gebotes*. Es wird hier die Ansicht vertreten, daß sich jedes normative Gebilde letztlich auf Gebote zurückführen läßt. Freilich können zu den Normen noch Aussagen hinzutreten, doch ändert dies nichts an der grundlegenden Bedeutung des Gebotes im Rahmen des Normativen.

Im Gegensatz zur traditionellen Unterscheidung zwischen Handlung und Unterlassung wird einheitlich von Verhalten gesprochen. Die Abgrenzung der Handlungen von den Unterlassungen in eine Frage, welche dem Begriff des Verhaltens untergeordnet ist.

Da auch der normative Operator negiert werden kann, ergeben sich folgende drei Möglichkeiten der Negation: Einer Negation der Existenz der Norm steht die Negation des normativen Operators gegenüber und von beiden zu unterscheiden ist die Negation des Verhaltens. Während zwischen der Negation des normativen Operators und der Negation des Verhaltens eine logische Beziehung besteht (das Gebot der Nichtsetzung eines Verhaltens ist gleich dem Verbot der Setzung dieses Verhaltens) besteht zwischen diesen beiden Arten der Negation einerseits und der Negation der Existenz der Norm keine Verbindung. Über die Auswirkungen dieser verschiedenen Arten der Negation auf den normativen Status des Normadressaten (aus der Negation der Existenz der Norm ergibt sich für den Normadressaten die Freiheit, während sich aus der Negation des Gebotes ein Verbot ergibt) wird noch unten abzuhandeln sein.

e) Kategoriale Einordnung

Das gesollte Verhalten läßt sich *kategorial* bestimmen:

Die klassische Rechtslehre kennt vier Geltungsbereiche: Den persönlichen und sachlichen sowie den räumlichen und zeitlichen Geltungsbereich. In der konkreten Norm müssen die vier Geltungsbereiche nicht immer ausformuliert werden. Es handelt sich bei diesen vier Geltungsbereichen um mögliche Dimensionen des gesollten Verhaltens, die in der konkreten Formulierung teils ausdrücklich, teils aber nur stillschweigend und teils überhaupt nicht zum Ausdruck kommen müssen. Diese vier Geltungsbereiche sind jedoch nur eine Schematisierung und nicht geeignet, das gesollte Verhalten vollständig zu erklären.

Geht man davon aus, daß das gesollte Verhalten in der Zukunft gesetzt und somit einmal real werden soll, so muß sich dieses gesollte Verhalten, genauso wie später dann das wirkliche Verhalten, kategorial bestimmen lassen. Anstelle der Bestimmungsmerkmale der klassischen vier Geltungsbereiche kann daher eine kategoriale Bestimmung treten. Die vier Geltungsbereiche umfassen nur einen Ausschnitt der kategorialen Bestimmung. Diese kategoriale Bestimmung ist nicht nur hinsichtlich des gesollten Verhaltens anzuwenden, sondern genauso hinsichtlich der Bedingung bzw. hinsichtlich des Bezugsbereiches.

Es wird daher zu überlegen sein, welche Kategorien für das gesollte Verhalten in Betracht kommen. Weiters ist an eine geeignete Ausdrucksform symbolischer oder sogar formaler Art zu denken. Die wesentliche Bestimmung des Norminhaltes besteht nämlich nicht in einer logischen oder grammatikalischen Beschreibung des gesollten Verhaltens, sondern in einer möglichen umfassenden Darstellung gemäß den Kategorien der Möglichkeit. Die Leibnizsche Forderung nach den characteristica universalia, welche der Ausdruck einer vollständigen Kategorienlehre sind, ist gegenwärtig in der formalen Logik noch nicht erfüllt. Leibniz ist es um eine begriffliche Erfassung der Kategorien der Möglichkeit alles Seienden gegangen. Wenngleich damit das Problem der kategorialen Bestimmung des Norminhaltes nur angedeutet wird, soll dennoch darauf hingewiesen werden, daß eine solche Betrachtungsweise für eine Analyse des Normativen wesentlich wäre.

f) Kompatibilität

Wenn man ein Spektrum der möglichen Verhalten aufstellt, so ist die in einer Norm vorgeschriebene Verhaltensweise nur eine von vielen möglichen. Es läßt sich somit die Position des gesollten Verhaltens innerhalb der Gesamtmenge möglichen Verhaltens bestimmen. Man kann dieses Spektrum nach verschiedenen Kriterien zusammenstellen. So zum Beispiel kann man jene Verhaltensweisen hervorheben, welche zusammen mit dem gesollten Verhalten nicht gesetzt werden dürfen. Es handelt sich dabei um die mit einem ganz bestimmten Verhalten inkompatiblen Verhalten. Das Problem der *Kompatibilität* ist im Zusammenhang mit der Einordnung des gesollten Verhaltens im Rahmen des Spektrums möglicher Verhalten zu sehen. Liegt ein gesolltes Verhalten vor, so werden die damit inkompatiblen Verhalten von den kompatiblen Verhalten getrennt. Die Gesamtmenge dieser drei Teilmengen ist ident mit der Gesamtmenge des möglichen Verhaltens überhaupt. Das Problem der Kompatibilität ist letztlich nichts anderes als eine Frage der gegenseitigen Beziehung von Möglichkeiten.

Zum Unterschied von Widersprüchen, welche aufgrund der Struktur der Norm gegeben sind, spielen bei der Kompatibilität jene Widersprüche eine Rolle, welche als Folge der Widersprüche der Sachstrukturen auftreten.

Nimmt man mehrere Verhalten an, wie zum Beispiel:

$$A, B, C, D, E, F, G \ldots X$$

so ist es möglich, daß hinsichtlich des Verhaltens E einige andere Verhalten kausal unvereinbar sind, zum Beispiel C, D und F. Versteht man unter E das Verhalten, an einem Tisch zu sitzen, unter C das Verhalten, zu gehen, unter D das Verhalten, zu laufen und unter F das Verhalten, zu liegen, so lassen sich C, D und F nicht ausführen, wenn das Verhalten E gesetzt wird. Es ist kausal nicht möglich, gleichzeitig zu gehen oder zu laufen oder zu liegen, wenn man an einem Tisch sitzt. Es ist dabei auch der Zeitfaktor zu beachten. Denn es ist durchaus möglich, heute an einem Tisch zu sitzen und morgen zu gehen. Ob eine Kompatibilität vorliegt oder nicht ist jeweils anhand der Sachumstände und Sachgesetzlichkeiten zu prüfen. So kann ein jetzt gesetztes Verhalten derartig in die Zukunft wirken, daß es später unmöglich ist, ein bestimmtes anderes Verhalten zu verwirklichen.

Abgesehen von den Verhalten C, D und F sind angenommenermaßen in der in dem Beispiel vorliegenden Menge von Verhalten alle anderen kompatibel mit dem Verhalten E. Diese kompatiblen Verhalten sind: A (rauchen), B (sprechen), G (lesen), etc.

Das vorliegende Spektrum von Verhaltensmöglichkeiten kann wie folgt geordnet werden:

$$E \,\&\, (C \,\&\, D \,\&\, F) \,\&\, (A \,\&\, B \,\&\, G \,\&\, \ldots X)$$

Es läßt sich einem Verhalten E die Menge der inkompatiblen Verhaltensweisen (erster Klammerausdruck) sowie die Menge der kompatiblen Verhaltensweisen (zweiter Klammerausdruck) gegenüberstellen. Eine solche Teilung läßt sich hinsichtlich des Universums sämtlicher möglicher Verhaltensweisen durchführen.

Die Verhaltensmöglichkeiten allein haben zunächst mit dem Sollen noch nichts zu tun. Es kann aber eine dieser Verhaltensmöglichkeiten, zum Beispiel E (am Tisch sitzen), Gegenstand einer Norm werden, indem vorgeschrieben wird, dieses Verhalten zu setzen.

$$N(E)$$

Wie wirkt sich diese Norm, welche das Verhalten E vorschreibt, auf die anderen Verhalten aus?

Ist ein bestimmtes Verhalten, zum Beispiel E vorgeschrieben, so sind die mit diesem Verhalten E inkompatiblen Verhalten verboten. Wird jemandem befohlen, an einem Tisch zu sitzen, so ist ihm gleichzeitig verboten, zu gehen (C), zu laufen (D) oder zu liegen (F).

Aus der Norm, welche das Verhalten E vorschreibt, ergibt sich nicht nur eine Pflicht (O), das Verhalten E zu setzen, sondern gleichzeitig auch das Gebot, die inkompatiblen Verhaltensweisen nicht zu verwirklichen.

$$N(E) \rightarrow O(E) \,\&\, O(\neg C) \,\&\, O(\neg D) \,\&\, O(\neg F)$$

Soll jemand an einem Tisch sitzen, so ist es ihm freigestellt, zu rauchen, zu sprechen, zu lesen etc. Aus einer Norm, welche vorschreibt, am Tisch zu sitzen, ergibt sich kein Gebot, diese kompatiblen Verhaltensweisen zu setzen, und kein Gebot, sie nicht zu setzen. Demnach kann aus einer Norm hinsichtlich der kompatiblen Verhaltensweisen nur die Freiheit (L) abgeleitet werden.

$$N(E) \rightarrow L(A) \,\&\, L(B) \,\&\, L(G) \,\&\, L(X)$$

Ist das Verhalten A mit dem Verhalten B kompatibel, so läßt sich dies symbolisch folgendermaßen darstellen:

$$A \text{ cp } B$$

Eine Inkompatibilität zwischen A und B ist folgendermaßen auszudrücken:

C. Norminhalt

$$A \neg cp\ B$$

Sind zwei Normen gegeben, welche zwei Verhalten vorschreiben, zum Beispiel A und B, so ist zu prüfen, ob diese beiden Verhalten kompatibel sind. Ist dies der Fall, so kann aufgrund dieser beiden Normen sowie aufgrund der festgestellten Kompatibilität folgendes geschlossen werden:

Aus der ersten Norm ergibt sich eine Pflicht zur Setzung des Verhaltens A. Da die erste Norm das mit A kompatible Verhalten B nicht berührt, ergibt sich aus dieser ersten Norm keinerlei Pflicht zur Setzung oder zur Nichtsetzung des Verhaltens B.

Umgekehrt ergibt sich aus der zweiten Norm, welche das Verhalten B vorschreibt, eine Pflicht, dieses Verhalten B zu setzen. Andererseits ergibt sich aus dieser zweiten Norm keine Pflicht, das Verhalten A zu setzen oder nicht zu setzen, da das in der zweiten Norm vorgeschriebene Verhalten B mit A vereinbar ist.

Sind mehrere Normen gegeben, in welchen verschiedene Verhalten vorgeschrieben werden, so müßte für jedes einzelne Verhalten die Kompatibilität zu den übrigen Verhalten jeweils gesondert ausgedrückt werden. Da dies zu umfangreich wäre, wird vorgeschlagen, daß unter dem Ausdruck

$$cp\ 1\text{---}n$$

verstanden wird, daß die in den Normen $1\text{---}n$ vorkommenden Verhaltensweisen sämliche miteinander kompatibel sind.

Zusammenfassend kann zur Kompatibilität gesagt werden, daß ein Verhalten im Spektrum möglicher Verhaltensweisen eingeordnet werden kann und die Restmenge der Verhalten in zwei weitere Teilmengen zerfällt, nämlich in die mit diesem Verhalten kompatiblen Verhalten und in die damit inkompatiblen Verhalten. Die Konsequenzen dieser Unterscheidung bestehen vor allem im Bereich des normativen Status, indem etwa ein Gebot eines bestimmten Verhaltens gleichzeitig das Verbot der damit inkompatiblen Verhalten mit sich bringt.

4. Bezugsbereich

Das gesollte Verhalten ist vom Normadressaten meist nicht isoliert zu setzen, sondern hat oft einen *Bezug* auf ein anderes Subjekt oder ein Objekt. Diese Ausrichtung des gesollten Verhaltens auf Subjekte oder Objekte führt dazu, daß man von einem *Bezugsbereich* sprechen kann.

Es ist zwischen einem *Bezugssubjekt* und einem *Bezugsobjekt* zu unterscheiden, je nachdem ob sich das gesollte Verhalten an ein Subjekt oder an ein Objekt richtet. Wird etwa dem Normadressaten vorgeschrieben, eine bestimmte Sache einer bestimmten Person zu übergeben, so ist diese Person als Bezugssubjekt und die zu übergebende Sache als Bezugsobjekt aufzufassen.

$$N(A \to S_3)$$

a) Bezugssubjekt

Der Inhalt der Norm kann also das Normsetzungssubjekt, den Normadressaten sowie ein oder mehrere Bezugssubjekte umfassen. Zwischen diesen verschiedenen personellen Positionen sind personelle Identitäten möglich. So kann dem Normadressaten vorgeschrieben werden, an jene Person, welche bereits Normsetzungssubjekt ist, ein bestimmtes Verhalten zu setzen, so daß das Normsetzungssubjekt und das Bezugssubjekt ident sind.

$$N_{S_1 \to S_2}(A \to S_1)$$

Es kann auch eine Identität zwischen Normadressaten und Bezugssubjekten bestehen. So hat man früher in der Pflichtenlehre unterschieden zwischen Pflichten gegenüber sich selbst, gegenüber dem anderen und gegenüber Gott.

Im Hinblick auf diese *personellen Identitäten* ergibt sich eine Reihe von Kombinationen, welche in unterschiedlichem Maße im konkret gegebenen normativen Material vorzufinden sind.

Das Bezugssubjekt ist also jenes, an welches sich das gesollte Verhalten richtet und welches im Inhalt der Norm ausdrücklich erwähnt ist. Von diesem im Inhalt der Norm aufscheinenden Bezugssubjekt ist die Frage zu trennen, ob ein solches Bezugssubjekt tatsächlich gegeben ist oder nicht.

b) Unmittelbares und mittelbares Bezugssubjekt

Es ist zwischen *unmittelbaren* und *mittelbaren* Bezugssubjekten zu unterscheiden. Es kann etwa eine Sache einer Person übertragen werden, damit sie einer weiteren Person übergeben wird. Diese Person, an welche die Sache unmittelbar übertragen werden soll, kann als unmittelbares Bezugssubjekt angesehen werden, jene Person, an welche die Sache schließlich übergeben werden soll, als mittelbares Bezugssubjekt.

$$N(A \to S_3 \to S_4)$$

c) Bezugsobjekt

Unter *Bezugssubjekt* kann ein Objekt verstanden werden, welches im Inhalt der Norm ausdrücklich aufscheint und auf welches sich das gesollte Verhalten bezieht. Auch im Zusammenhang mit den Bezugsobjekten kann zwischen *unmittelbaren* und *mittelbaren* unterschieden werden.

$$N(A \rightarrow B)$$

d) Erfolgsbezug

Im Zusammenhang mit dem Bezug des gesollten Verhaltens ist neben dem Bezugssubjekt und dem Bezugsobjekt noch der *Erfolgsbezug* zu erwähnen.

$$N(X \rightarrow A)$$

Es kommen Normen vor, in denen das gesollte Verhalten relativ unbestimmt (X) ist und erst durch die Angabe des mit diesem gesollten Verhalten zu erreichenden Erfolges (A) bestimmbar wird. Bestimmt ist der Erfolg, welcher das Ziel darstellt. Das gesollte Verhalten ist nur ein Mittel, diesen Erfolg zu erreichen. Durch solche Normen wird der Anschein erweckt, als wäre ein bestimmter Erfolg gesollt und nicht ein Verhalten. Durch solche Normen werden aber mehrere Verhalten alternativ erfaßt, und zwar alle jene, die zum Erfolg führen können. Insofern wird dem Normadressaten ein *Ermessen* eingeräumt, auf welche Weise er den vorgeschriebenen Erfolg erreichen will.

Dieser Erfolgsbezug ist im Zusammenhang mit dem Bezugsbereich deshalb zu erwähnen, weil er ebenfalls eine Ausrichtung des gesollten Verhaltens darstellt, nämlich eine kausale bzw. teleologische Beziehung des gesollten Verhaltens zu einem zu erreichenden Erfolg.

Die praktische Bedeutung des Erfolgsbezuges des gesollten Verhaltens ist ein mehrfacher. Einerseits ist es für das Normsetzungssubjekt leichter, nur den Erfolg anzugeben und sich nicht darum zu kümmern, auf welche konkrete Weise dieser Erfolg erreicht wird. Andererseits kann aus der Fülle der Möglichkeiten, wie dieser Erfolg erzielt wird, für den Normadressaten ein Ermessensspielraum abgeleitet werden. Indem nämlich die konkreten Verhaltensweisen zur Erreichung des Erfolges unbestimmt bleiben, ist es dem Willen des Normadressaten überlassen, für welchen Weg er sich entscheidet. Mit dem Erfolgsbezug kann eine gewisse Elastizität verbunden sein, indem nämlich nur das Ziel bestimmt ist und die Wahl der Mittel dem Normadressaten überlassen bleibt.

Es wird von den jeweiligen Sachgegebenheiten abhängen, wie viele Varianten des gesollten Verhaltens in Betracht kommen, einen bestimmten Erfolg zu erreichen. Die Bandbreite dieser Möglichkeiten kann für einzelne Subjekte verschieden sein. Je nachdem wird sich ein verschieden großer Ermessensspielraum für den einzelnen Normadressaten ergeben.

5. *Bedingung*

Das gesollte Verhalten wird in der Norm inhaltlich bestimmt. Es kann dazu in der Norm angegeben werden, unter welchen Voraussetzungen dieses gesollte Verhalten gesetzt werden soll. Diese Voraussetzungen des gesollten Verhaltens sind die *Bedingung* des gesollten Verhaltens. An den Eintritt der Bedingung (./.) wird die Pflicht zur Setzung des gesollten Verhaltens geknüpft.

Nach der Zurechnungstheorie wird bei Doppelnormen aus der Sanktion geschlossen, daß das in der Bedingung aufscheinende Verhalten geboten bzw. verboten ist. Bei diesen Doppelnormkonstruktionen ist das in der Bedingung aufscheinende Verhalten nicht *sollensneutral*.

Doppelnorm

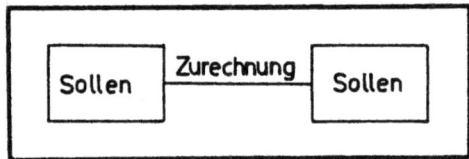

einfache Normen

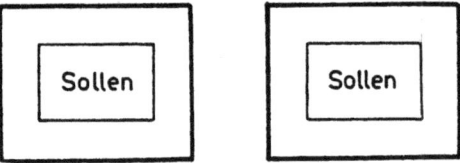

Wird jedoch die Norm so konstruiert, daß in jeder einzelnen Norm nur ein einziges gesolltes Verhalten enthalten ist, so ist stets ein in der Bedingung aufscheinendes Verhalten als sollensneutral anzusehen. Das bedeutet, daß das in der Bedingung aufscheinende Verhalten dadurch, daß es in dieser Bedingung enthalten ist, weder als Gebot noch als Verbot anzusehen ist. Der Sollenscharakter einer Norm bezieht sich nur auf jenes Verhalten, welches in der Position des gesollten Verhaltens aufscheint.

$$N(A/B) \rightarrow \neg O(A) \,\&\, \neg O(\neg A)$$

a) Zwangsfolgen

Soll ein Verhalten verboten und die Verletzung dieses Verbotes bestraft werden, so sind zwei Normen erforderlich: Einerseits jene Norm, welche das Verhalten verbietet und andererseits die Norm, welche an der Ineffektivität der ersten Norm anknüpfend die Pflicht zur Setzung einer Strafe vorsieht. Die Strafe ist demnach, wie bereits erwähnt, nicht nur Bestandteil einer einzelnen Norm, sondern vielmehr das Ergebnis einer Normenkombination. Dazu ist weiters zu beachten, daß das zu bestrafende Verhalten negativ zu bewerten ist. Die Frage der Bewertung geht über die rein normative Struktur hinaus.

In der sprachlichen Formulierung ist eine ausdrückliche Verbotsnorm oft nicht enthalten, sondern es wird nur die Zwangsfolge vorgeschrieben. Es ist aber nur eine Frage des sprachlichen Ausdrucks, daß aus den Bedingungen für die Verhängung der Zwangsfolge in einem solchen Fall interpretativ auf die Verbotsnorm zu schließen ist. Begrifflich gesehen liegen zwei verschiedene Normen vor.

Es ist einfacher und konsequenter, die Normen so aufzufassen, daß jede Norm nur ein einziges gesolltes Verhalten enthält. Andernfalls entstehen gleichsam normative Riesenmoleküle, welche analytisch kaum mehr klar erfaßt werden können.

b) Kategoriale Einordnung

Ebenso wie das gesollte Verhalten läßt sich die Bedingung *kategorial* aufschlüsseln.

Im Zusammenhang mit der zeitlichen Bestimmung der Bedingung ergibt sich die Frage, inwieweit einer Bedingung nur eine zeitliche Bedeutung beikommt, daß also das „Wenn" stets als „Wann" aufzufassen ist. Es ist jedoch die logische Form der Verknüpfung des gesollten Verhaltens an seine Voraussetzungen zu unterscheiden von der inhaltlichen, kategorialen Deutung dieser Verknüpfung.

c) Arten der Bedingungen

Welche *Arten* von Bedingungen gibt es und welche *normativen Konsequenzen* ergeben sich daraus?

Wird die Bedingung einer Norm verwirklicht (F = factum), so folgt daraus die aktuelle Pflicht (O) des Normadressaten zur Setzung des gesollten Verhaltens.

$$N(A/B) \text{ \& } F(A) \rightarrow O(B)$$

Tritt die Bedingung nicht ein, so stellt sich die Frage, wie sich dies auf das gesollte Verhalten auswirkt. Ist der Normadressat bei Nichteintritt der Bedingung verpflichtet, dieses gesollte Verhalten noch zu setzen? Die Beantwortung dieses Problems hängt von der Art der Bedingung ab. Es gibt mehrere Möglichkeiten:

aa) Freiheit

aa) Nach der einen Variante ist bei der Nichterfüllung der Bedingung eine *Freiheit* des Normadressaten zur Setzung oder Nichtsetzung des gesollten Verhaltens gegeben.

$$N(A/B) \& F(\neg A) \rightarrow L(B)$$

Die im normativen Material vorkommenden bedingten Normen sind meist derart, daß der Normadressat nur bei Zutreffen der Bedingung verpflichtet ist, das gesollte Verhalten zu setzen, während es ihm bei Nichteintritt der Bedingung freigestellt wird, ob er das Verhalten setzt oder nicht setzt.

bb) Verbot

bb) Eine andere Variante der Bedingung geht dahin, daß die Nichterfüllung der Bedingung zu einem *Verbot* der Setzung des ursprünglich gesollten Verhaltens führt.

$$N(A/B) \& F(\neg A) \rightarrow O(\neg B)$$

Es gibt Normen, welche im Falle der Erfüllung der Bedingung vorschreiben, das gesollte Verhalten zu setzen. Sie verbieten aber, dieses ursprünglich gesollte Verhalten zu verwirklichen, wenn die Bedingung nicht erfüllt wird. Das gesollte Verhalten ist „nur wenn, dann" zu setzen. Aus einer solchen bedingten Norm ergeben sich zwei Pflichten. Einerseits die Pflicht zur Setzung des Verhaltens bei Eintritt der Bedingung und andererseits die Pflicht, dieses Verhalten nicht zu setzen, wenn die Bedingung nicht eingetroffen ist. So verpflichtet etwa das Strafgesetz das Gericht, beim festgestellten Delikt eine bestimmte Strafe zu verhängen. Wird jedoch kein Delikt festgestellt, so ist es dem Gericht verboten, die Person zu bestrafen.

cc) Gebot

cc) Schließlich gibt es noch jene Variante, bei welcher die Nichterfüllung der Bedingung zu einem *Gebot* der Setzung des ursprünglich gesollten Verhaltens führt.

$$N(A/B) \& F(\neg A) \rightarrow O(B)$$

Es ist der Fall denkbar, daß dem Normadressaten vorgeschrieben wird, selbst im Falle der Nichterfüllung der Bedingung das gesollte Verhalten zu setzen. Eine solche bedingte Norm könnte mit der Formulierung „selbst wenn, dann" umschrieben werden. Im Falle der Erfüllung der Bedingung ergibt sich die Pflicht zur Setzung des gesollten Verhaltens und im Falle der Nichterfüllung der Bedingung die Pflicht zur Setzung eben desselben Verhaltens.

C. Norminhalt

Die beiden letzterwähnten Fälle, welche mit „nur wenn, dann" und „selbst wenn, dann" charakterisiert werden können, lassen sich hinsichtlich ihres normativen Effektes durch jeweils zwei Normen ersetzen, welche nur einfache Bedingungen enthalten. In beiden Fällen ist zunächst eine Gebotsnorm gegeben für den Fall des Eintritts der Bedingung. Die zweite Norm, welche ebenfalls nur eine einfache Bedingung enthält, lautet dann dahingehend, daß bei Nichteintritt der Bedingung das gesollte Verhalten der ersten Norm nicht zu setzen (2a) oder dennoch zu setzen (2b) sei.

$$N(A/B)1$$
$$N(\neg A/\neg B)2a$$
$$N(\neg A/B)2b$$

Bei der zuerst besprochenen Variante der Bedingung entsteht eine Freiheit. Diese Freiheit zur Setzung des gesollten Verhaltens bei Nichteintritt der Bedingung ergibt sich bloß relativ aus dieser Norm. Daher wird dadurch noch nicht verhindert, daß andere Normen hinzutreten können und für den Fall des Nichteintritts der Bedingung von sich aus eine gebietende oder verbietende Regelung vorsehen. In einem solchen Fall wird die Freiheit aufgrund des Nichteintritts der Bedingung der ersten Norm aufgehoben und es tritt an ihre Stelle das Gebot oder das Verbot aufgrund der zweiten Norm.

d) Quantität von Bedingungselementen

In der Bedingung einer Norm können mehrere Bedingungselemente enthalten sein, wobei die Verbindungen der *Quantität* von Bedingungselementen die verschiedensten logischen Formen aufweisen können.

e) Bedingungssubjekt

In der Bedingung einer Norm können Subjekte enthalten sein. Diese Subjekte können *Bedingungssubjekte* genannt werden.

An Subjekten sind daher im Zusammenhang mit einer Norm zu erwähnen: das Normsetzungssubjekt, der Normadressat, das Bezugssubjekt und das Bedingungssubjekt.

Es ist zwischen *isolierten*, *aktiven* und *passiven* Bedingungssubjekten zu unterscheiden. Ein aktives Bedingungssubjekt ist ein solches, welches nach dem Inhalt der Bedingung ein Verhalten setzt. Ein passives Bedingungssubjekt ist dadurch gekennzeichnet, daß nach dem Inhalt der Bedingung an dieses Subjekt ein Verhalten gerichtet wird. Isolierte Bedingungssubjekte sind schließlich jene, welche in der Bedingung aufscheinen, ohne daß von ihnen nach dem Inhalt der Bedingung ein Verhalten gesetzt oder an sie gerichtet wird.

f) Bedingungsobjekt

Ein *Bedingungssubjekt* ist jedes in der Bedingung aufscheinende Objekt.

g) Unbedingte und bedingte Normen

Das gesollte Verhalten einer Norm muß stets kategorial bestimmbar sein. Es ist aber nicht notwendig, daß ausdrücklich eine Bedingung angegeben wird. Demnach ist zwischen *unbedingten* und *bedingten* Normen zu unterscheiden. Die Unabhängigkeit des gesollten Verhaltens von einem bestimmten Bedingungselement kann aber auch dadurch zum Ausdruck gebracht werden, daß man sagt, daß es gleichgültig ist, ob dieses Element gegeben ist oder nicht. Eine solche Norm wäre so zu formulieren, daß das gesollte Verhalten an die Alternative zwischen der Existenz und Nichtexistenz des Bedingungselementes anknüpft.

$$N(A v \neg A / B)$$

6. Normenkombination

Die Fragen, welche sich im Zusammenhang mit der *Normenkombination* ergeben, sind sehr umfangreich. Normen können in verschiedenster Weise zueinander in Beziehung stehen. Da Normen aus Akt und Sinn bestehen, besteht das Problem der Normenkombination in zweifacher Hinsicht: Einerseits kann gefragt werden, zwischen welchen Personen welche Normen gesetzt werden. Es ist dies die Frage nach der Kombination der Normsetzungen, welche bereits oben angedeutet wurde. Davon zu unterscheiden ist das Problem, in welcher Weise der Inhalt mehrerer Normen aufeinander Bezug nimmt. Dieses Problem ist, wie gesagt, ein sehr differenziertes, und es sind hier die verschiedensten Kombinationen denkbar. Das Spektrum dieser Varianten läßt sich wohl nur mit Hilfe der EDV vollständig durchanalysieren.

In diesem Zusammenhang ist weiters zu beachten, daß nicht nur eine Kombination von Normen möglich ist, sondern auch eine Kombination zwischen Normen und Aussagen.

a) Personelle Identität

Die Frage der *personellen Identität* spielt bei Normenkombinationen eine große Rolle.

b) Metanormen

Als *Metanormen* können solche Normen bezeichnet werden, welche sich auf andere Normen inhaltlich beziehen. Neben den Metanormen sind noch die Metaaussagen zu erwähnen.

Der Metanormen und Metaaussagen umfassende Begriff ist der der *Metainformationen.* So kann sich eine Norm auf eine Norm oder eine Aussage, eine Aussage auf eine Norm oder eine andere Aussage beziehen. Ganz allgemein können sich Informationen auf Informationen beziehen.

c) Verweisung

Von einem Hinweis in einer Norm auf eine andere Norm oder auf eine Aussage ist eine *Verweisung* zu unterscheiden. Bei der Verweisung wird der Sinn einer Norm dahingehend erweitert, daß von einer anderen Norm oder einer Aussage ein Sinn gleichsam übernommen wird. Diese Hinzufügung des Sinnes ist keinesfalls substantialistisch zu sehen. Es handelt sich vielmehr um eine Nachbildung des Sinnes entsprechend dem in der Verweisung angegebenen Maßstab. Der ursprüngliche Sinn der Norm wird durch die Verweisung zu einem erweiterten Sinn umgeformt. Normen, die Verweisungen enthalten, sind stets Metanormen.

d) Geltung

Metanormen ganz spezieller Art sind jene Normen, welche vorschreiben, daß man einer anderen Norm *gehorchen* soll. Das gesollte Verhalten dieser Normen ist ein Gehorsamleisten gegenüber einer anderen Norm. Solche Metanormen, welche als Metanormen zweiten Grades bezeichnet werden könnten, sind der Ausgangspunkt für die Frage der Geltung, welche noch im folgenden zu besprechen sein wird. Bei diesen Metanormen zweiten Grades handelt es sich nicht um einen beliebigen inhaltlichen Bezug zu einer anderen Norm, sondern um die Gehorsamleistung gegenüber dieser anderen Norm.

Wenn man die Reichweite des inhaltlichen Bezuges von Metanormen betrachtet, so kann festgestellt werden, daß diese Reichweite entweder innerhalb der normativen Ordnung verbleibt oder über diese hinausgeht. Die einzelnen normativen Ordnungen sind nicht isoliert zu sehen, sondern es ist möglich, daß zwischen ihnen eine vielgestaltige normative Interdependenz besteht.

e) Kollisionsnormen

Weiters ist noch auf die besondere Bedeutung von *Kollisionsnormen* hinzuweisen, welche nach ganz verschiedenen Konstruktionsprinzipien gestaltet sein können. Der Anwendungsbereich von Kollisionsnormen muß sich nicht auf die eigene normative Ordnung beschränken, sondern kann auch Kollisionen zwischen verschiedenen normativen Ordnungen zum Gegenstand haben.

f) Ordnung der Normelemente

Wenn man den Inhalt mehrerer Normen betrachtet, so lassen sich diese verschiedenen Normelemente in ein inhaltliches System bringen. Der Zusammenhang zwischen diesen Normelementen besteht dann nicht nur in normativer Hinsicht, sondern auch in kausaler Hinsicht etc. Der Inhalt mehrerer Normen kann als ein zeitlich geordnetes Sachgeschehen aufgefaßt werden. Es ist für die Praxis unzureichend, die einzelnen Normen stets isoliert zu sehen. Aber auch die logische Analyse von Normenkombinationen ist unbefriedigend, wenn nicht das vom Normsetzungssubjekt *gesollte Geschehen* zum Ausdruck kommt. Dieses gesollte Geschehen, welches auf die Ordnung der Normelemente, insbesondere auf die Ordnung der einzelnen gesollten Geschehen, des Bedingungs- und des Bezugsbereiches zurückgeht, ist wiederum der Ausgangspunkt für die Ebene der Institutionen. Diese Ebene der Institutionen bildet eine eigenständige Schichte der normativen Ordnung, welche gegenüber der Ebene, der Normen und Aussagen deutlich abgegrenzt ist.

D. Intentionalität

Unter *Intentionalität* wird hier die Ausrichtung des Norminhaltes auf das darin Bezeichnete verstanden. Der Ausdruck „Intentionalität" wird hier nicht in der gebräuchlichen Weise verwendet. Dies ändert jedoch nichts an der dargestellten Struktur.

1. *Nominelle und reale Normelemente*

Der Inhalt der Norm setzt sich aus verschiedenen Elementen zusammen. Diese inhaltlichen Elemente können als *nominelle Normelemente* bezeichnet werden. So etwa sind das im Inhalt der Norm aufscheinende gesollte Verhalten, der Normadressat, das Bezugssubjekt, das Bedingungsobjekt etc. nominelle Normelemente.

Von den nominellen Normelementen zu unterscheiden ist das, was mit diesen nominellen Normelementen bezeichnet wird. Das mit den nominellen Normelementen Bezeichnete kann existieren oder nicht existieren. Existiert das von den nominellen Normelementen Bezeichnete, so ist es ein *reales Normelement*.

Die Existenz der realen Normelemente gehört nicht wesensmäßig zur Norm. Für die Existenz der Norm ist nur erforderlich, daß das Normsetzungssubjekt real existiert, ferner der Akt und der Sinn der Norm.

Notwendige nominelle Normelemente sind der Normadressat sowie das gesollte Verhalten. Beide müssen im Inhalt der Norm ausdrücklich aufscheinen.

D. Intentionalität

Aus der intentionalen Ausrichtung der Norm auf das darin Bezeichnete ergibt sich, daß bezeichnungsmäßig der Vielfalt der nominellen Normelemente eine entsprechende Vielfalt der realen Normelemente gegenübersteht. So kann von einem nominellen Normadressaten und einem realen Normadressaten gesprochen werden, von einem nominellen Bezugsobjekt und einem realen Bezugsobjekt etc. Das reale Normelement kann dem nominellen zur Gänze entsprechen, es können aber auch inhaltliche Divergenzen gegeben sein.

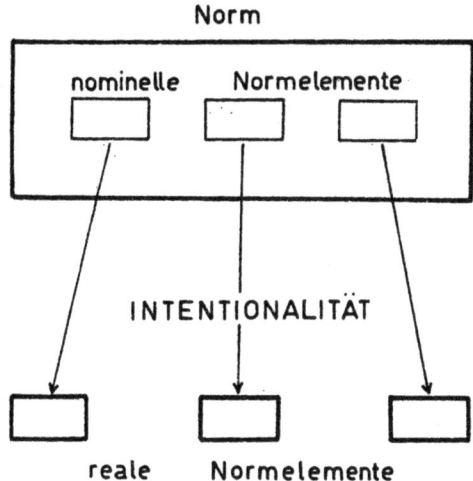

2. Intentionalität und Bezugsbereich

Die Intentionalität der Norm ist von dem Bezug des gesollten Verhaltens zu unterscheiden. Der Bezug des gesollten Verhaltens verbleibt ausschließlich innerhalb des Norminhaltes. Der Bezugsbereich des gesollten Verhaltens bedeutet, daß in der Norm nicht nur das gesollte Verhalten angegeben ist, sondern auch weiter gesagt ist, worauf sich dieses gesollte Verhalten richtet. Die Intentionalität der Norm hingegen transzendiert von vornherein den Norminhalt und richtet sich auf das in der Norm Bezeichnete.

3. Zeitliche Problemstellung

Aus der Intentionalität ergibt sich ein *zeitliches Problem*. Die realen Normelemente können vor der Normsetzung, während der Normsetzung und nach der Normsetzung gegeben sein. Es sind hier die verschiedensten Kombinationen denkbar.

Bei der zeitlichen Ausrichtung des Norminhaltes ist zwischen der Bedingung und dem gesollten Verhalten zu unterscheiden. Während das gesollte Verhalten sinnvoll nur in die Zukunft ausgerichtet sein kann, können sich die Bedingungselemente sowohl auf die Vergangenheit wie auf die Zukunft richten. Wenn die nominellen Bedingungselemente auch in die Vergangenheit ausgerichtet sind, spricht man von einer *Rückwirkung* der Norm. Ob eine solche Rückwirkung verboten oder erlaubt ist, hängt nicht von dieser einzelnen Norm ab, sondern vielmehr vom Vorhandensein von Metanormen, welche dieses Problem regeln.

4. *Juristische Person*

Die *juristischen Personen* sind durch eine *Divergenz* zwischen dem nominellen Normsubjekt und dem realen Normsubjekt gekennzeichnet.

Es gibt juristische Personen nur als nominelle Normsubjekte, nicht aber als reale Normsubjekte. Als reales Normsubjekt, etwa als realer Normadressat, kann um eine physische Person vorkommen.

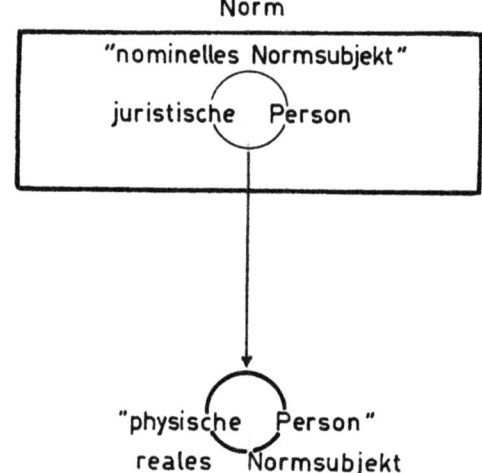

Ausgehend von der Normkonstruktion, daß Normen nur zwischen physischen Personen gesetzt werden können, können juristische Personen nur als nominelle Normsubjekte aufgefaßt werden. Die zentrale Frage bei der juristischen Person ist die, wie diese notwendige Differenz zwischen dem nominellen Normsubjekt (juristische Person) und dem realen Normsubjekt (physische Person) *überbrückt* werden kann.

Es sind sehr differenzierte Konstruktionen, welche diese Überbrückung bewerkstelligen.

D. Intentionalität

a) Organwalter

Nimmt man den Fall an, daß eine juristische Person als Normadressat vorkommt, so ist zunächst davon auszugehen, daß es *flankierende Normen* gibt, welche die juristische Person generell regeln. Diese Normen lauten etwa dahingehend, daß an eine Bestellung als Organ angeknüpft wird, weitere Voraussetzungen hinzugefügt werden und sodann an den *Organwalter* die Pflicht gerichtet wird, sich gegenüber Normen, die an ihn als Organ adressiert sind, sich so zu verhalten, wie wenn diese Normen an ihn selbst adressiert wären. In welcher Weise diese flankierenden Normen die juristische Person regeln, hängt jeweils vom positiven Recht ab.

b) Organe

Neben der juristischen Person tritt noch eine weitere Schichte von nominellen Normsubjekten auf, nämlich die *Organe*. Sie sind Untereinheiten der juristischen Person und werden zumeist als Inbegriff von Zuständigkeiten aufgefaßt. Auch die Organe treten nur als nominelle Normsubjekte, nicht aber als reale Normsubjekte auf. Diesen Organen ist das Organisationsrecht zuordenbar, während sich das Dienstrecht auf die Organwalter bezieht.

c) Divergenz

Diese Divergenz zwischen nominellem Normsubjest und realem Normsubjekt bei der juristischen Person kann unter anderem dem Zweck einfacherer Adressierung (Wechsel der Organwalter) dienen.

Es besteht eine doppelte Divergenz, nämlich einerseits zwischen der juristischen Person und dem Organ und andererseits zwischen dem Organ und dem jeweiligen Organwalter. Aufgrund der (gesetzlichen) generellen Regelung durch flankierende Normen wird der Sinn der individuellen Norm, welche z. B. an die „juristische" Person adressiert ist, insoferne verändert, als darunter nicht das nominelle Subjekt der juristischen Person zu verstehen ist, sondern vielmehr das zuständige „Organ" als weiteres nominelles Subjekt. Ist schließlich das zuständige Organ gefunden, dann wird durch diese flankierenden Normen bewirkt, daß der gemäß dem Bestellungsakt vorgesehene „Organwalter" als nominelles Subjekt zu verstehen ist. Die Organwalter sind bei diesem Vorgang nicht nur das Ende der Reihe nomineller Subjekte, sondern auch die einzig realen Normsubjekte. Zwischen der juristischen Person und dem Organwalter spielen die Organe als nominelle Normsubjekte eine Vermittlungsrolle. Der Bestellungsakt des Organwalters bringt nicht nur für ihn die Verpflichtung, alle jene Pflichten auszuüben, welche sich aus den flankierenden Normen (Gesetz) ergeben, sondern auch die Pflichten der Zuständigkeitsnormen zu berücksichtigen und jene individuelle Normen zu beachten, welche sich an die juristische Person richten, soweit sie in seinen Zuständigkeitsbereich fallen. Diese Bestellung ist einerseits als normative Verweisung zu sehen, andererseits wird damit eine Bedingung der flankierenden Normen sowie eine Bedingung der Zuständigkeitsnormen erfüllt.

d) Zurechnung

Wird seitens der juristischen Person als nominellem Normsetzungssubjekt eine Norm gesetzt, dann wird in den flankierenden Normen meist in der Bedingung angegeben werden, ob die Voraussetzungen für die Zurechnung dieser Norm zur juristischen Person gegeben sind. Hiebei spielen z. B. der Gesellschaftsvertrag etc. sowie die entsprechende Vollmacht des Organes eine Rolle.

Soweit ein Vermögen als juristische Person angesehen wird, gelten analoge Normkonstruktionen.

e) Normenkombination

Es wäre unrichtig, von einem einzigen Typus der juristischen Person sprechen zu wollen. Es gibt eine Vielzahl möglicher Konstruktionen sowie eine Reihe von Kriterien, welche dafür maßgeblich sind, ob überhaupt von einer juristischen Person oder von einer verwandten Konstruktion gesprochen werden soll. Welche Kriterien relevant sind, wird von der Rechtsordnung (von den flankierenden Normen) jeweils festgelegt.

Zusammenfassend kann die juristische Person als *Normenkombination bestimmten Grades* aufgefaßt werden. Welche Kriterien für den Grad der Normenkombination maßgeblich sind, wird von der jeweiligen Rechtsordnung abhängen. Soweit der Staat als juristische Person aufzufassen ist, werden die Kriterien dafür in der präkonstitutionellen Rechtsgeschichte enthalten sein.

f) Institution

Von der *normativen* Erklärung der juristischen Person zu trennen ist die *institutionelle*. Bei der institutionellen Betrachtung wird nicht gefragt, welche Normenkombinationen für das Vorhandensein der juristischen Person typisch sind, sondern es wird danach gefragt, welche Funktionen juristische Personen haben. Auch hier gibt es verschiedene Konstruktionsstufen und Zwischenformen. Von Konstruktionen der Vertretung bis zur Konstruktion differenzierter juristischer Personen gibt es eben ein breites Übergangsfeld. Es ist auch hiebei nicht ein einziges Kriterium für das Vorliegen einer juristischen Person maßgeblich, sondern es gibt deren mehrere.

E. Normative Relationen

Einer der Gedankengänge der Theorie Kelsens geht dahin, daß das Sein vom Sollen zu trennen ist und daß es sich dabei um zwei verschiedene Bereiche handelt. Unabhängig davon, ob nun das Sein mit dem Sollen doch in irgendeiner Weise verbunden ist oder nicht und inwieweit eine Beeinflussung erfolgen kann, lassen sich zwischen diesen Bereichen *Relationen* ziehen.

Relationen sind denkbar im *Sein*, weiters innerhalb des *Sollens*, schließlich zwischen dem *Sein* und dem *Sollen*.

Nimmt man noch den Bereich der Möglichkeiten hinzu, so sind weitere Relationen denkbar: Innerhalb der *Möglichkeiten*, zwischen den *Möglichkeiten* und dem Sollen, sowie zwischen den *Möglichkeiten* und dem *Sein*.

Solche Relationen lassen sich unabhängig davon ziehen, wie die einzelnen Bereiche untereinander ontologisch verbunden sind.

Die Relationen sind aber insofern zweiseitige als zwischen einer Relation etwa vom Sein zum Sollen und zwischen einer Relation vom Sollen zum Sein unterschieden werden muß. Es besteht zwar nur eine einzige Gesamtrelation, aber es ist nicht gleichgültig, von welcher Seite her diese Relation gesehen wird. Eine zwischen zwei Elementen bestehende Relation läßt sich daher in zwei gerichtete Einzelrelationen auflösen.

Die Betrachtung mittels Relationen läßt sich ausweiten. Man kann Relationen zwischen Aussagen und Normen, zwischen Aussagen und Tatsachen etc. ziehen. Relationen sind weiters zwischen dem Willen und den Normen möglich. Ein Sonderfall der Relationen im Sollen sind Relationen zwischen verschiedenen Normenordnungen.

Aus der Vielzahl möglicher Relationen kommt in der Praxis nur ganz bestimmten Relationen eine Bedeutung zu. Andererseits sind die für die Praxis wichtigen Relationen meist sehr komplex. So zum Beispiel ist bei einer Behandlung der Frage des Widerspruchs zwischen zwei Normen nicht bloß der Inhalt des gesollten Verhaltens wichtig, sondern es sind die Bedingungen einzubeziehen. In Zusammenhang mit „Rechtsfolgekonstruktionen" sind die verschiedensten Relationen zwischen dem gesollten Verhalten und den Bedingungen der in Betracht kommenden Normen zu beachten. Die im folgenden dargelegten Relationen sind nur beispielsweise und sollen nur in die Problemstellung als solche einführen.

58 II. Norm

1. Relationen im Sollen

Zunächst ist auf die *Relationen im Sollen* einzugehen.

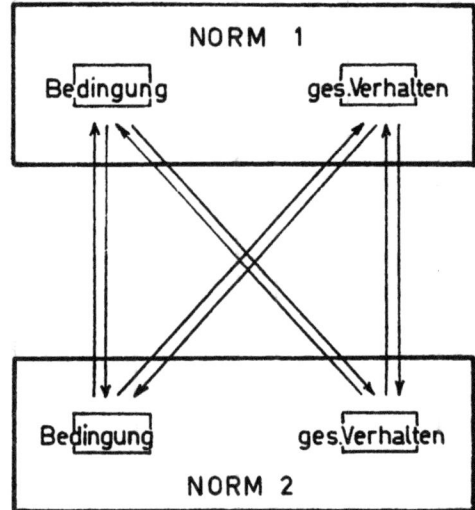

a) Relation von der Bedingung der ersten Norm zur Bedingung der zweiten Norm.

b) Relation von der Bedingung der zweiten Norm zur Bedingung der ersten Norm.

Liegen bei beiden Normen die gleichen Bedingungselemente vor, so kann von „*Konvergenz*" gesprochen werden.

c) Relation vom gesollten Verhalten der ersten Norm zum gesollten Verhalten der zweiten Norm.

d) Relation vom gesollten Verhalten der zweiten Norm zum gesollten Verhalten der ersten Norm.

Eine Übereinstimmung zwischen dem gesollten Verhalten der einen Norm und dem gesollten Verhalten einer anderen Norm läßt sich allgemein mit dem Ausdruck „*Entsprechung*" umschreiben. Das Problem des Widerspruches geht über die Relation zwischen den beiden gesollten Verhaltensweisen hinaus. Wie bereits oben angeführt, muß bei der Frage des Widerspruches auch der Inhalt der Bedingungen berücksichtigt werden. Neben einem strukturellen Widerspruch ist noch ein Widerspruch von der Sachseite (vgl. die Inkompatibilität) möglich.

e) Relation von der Bedingung der ersten Norm zum gesollten Verhalten der zweiten Norm.

E. Normative Relationen

f) Relation vom gesollten Verhalten der zweiten Norm zur Bedingung der ersten Norm.

g) Relation von dem gesollten Verhalten der ersten Norm zur Bedingung der zweiten Norm.

h) Relation von der Bedingung der zweiten Norm zum gesollten Verhalten der ersten Norm.

Die bei den Rechtsfolgen vorkommenden Relationen bestehen meist darin, daß an das gesollte Verhalten einer Norm in der Bedingung der anderen Norm angeknüpft wird. Dies ist z. B. bei den Subsidiaritätskonstruktionen sowie bei den Sanktionskonstruktionen der Fall. Weiters sind Verfahrensordnungen oft in der Weise aufgebaut, daß jeweils an den vorausgehenden Verfahrensschritt angeknüpft wird.

2. *Relationen zwischen Sein und Sollen*

Aus der Vielfalt der *Relationen zwischen Sein und Sollen* sind hier nur jene zu besprechen, welche sich aus einer Norm, die aus Bedingung und gesolltem Verhalten besteht, zur Verwirklichung oder Nichtverwirklichung dieser Bedingung und des gesollten Verhaltens ergeben.

Sowohl der Inhalt (A) der Tatsache sowie die Tatsache selbst (F = factum) können negiert werden. Eine Negationsproblematik tritt ebenfalls bei der Norm und bei dem Inhalt der Norm auf.

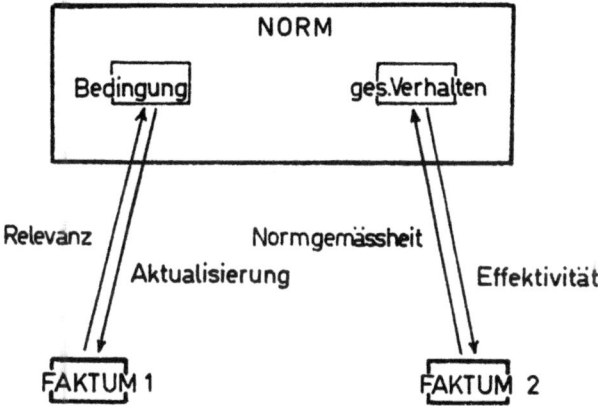

a) Relevanz

Die Relation vom Sein zur Bedingung einer Norm kann als „*Relevanz*" bezeichnet werden. Ist eine Tatsache gegeben und entspricht diese der Bedingung einer Norm, so läßt sich diese Tatsache als relevant und die Beziehung von dieser Tatsache zur Norm als Relevanz bezeichnen. So z. B. schreibt die Straßenverkehrsordnung vor, daß bei einem Aufleuchten der roten Ampel stehenzubleiben ist. Aus den verschiedenen Ereignissen, welche auf der Straße geschehen, ist das Aufleuchten der roten Ampel allein rechtserheblich (relevant) im Hinblick auf diese Norm der Straßenverkehrsordnung.

Der Relevanz kommt somit eine selektive Bedeutung hinsichtlich der Wirklichkeit zu. Aus der Fülle der Tatsachen sind nur einige Tatsachen relevant für den Bereich des Sollens. An die relevanten Tatsachen knüpfen zumeist dann die Rechtsfolgen an.

Es sei darauf hingewiesen, daß man im juristischen Sprachgebrauch nicht nur von relevanten Tatsachen, sondern auch von relevanten Informationen spricht. Es handelt sich dabei um Informationen, welche sich auf Tatsachen beziehen, die ihrerseits wieder in den Bedingungen der Normen enthalten sind.

Auch der Zeit kann eine Relevanz zukommen. Im römischen Recht wird hinsichtlich der Fristenberechnung zwischen tempus continuum und tempus utile je nach dem unterschieden, ob man für den Lauf der Frist die ganze Zeit heranzieht, oder ob man bestimmte Zeiträume als nichtzählend, das heißt also als nicht relevant ansieht. Die praktische Bedeutung der Relevanz liegt darin, daß es bei einer Darstellung des Sachverhaltes nicht darauf ankommt, eine möglichst große Vielzahl von Tatsachen aufzuzählen, sondern, daß immer nur jene Tatsachen anzuführen sind, welche für die in Betracht kommenden Normen relevant sind. Es ergibt sich weiters die Frage, in welcher quantitativen Beziehung eine relevante Tatsache zur Gesamtheit der möglichen Tatsachen steht. Es läßt sich feststellen, in welcher Weise quantitativ die Wirklichkeit vom Normativen her erfaßt wird.

Die Relevanz ist jedoch insofern *relativ*, als sie im Hinblick auf eine bestimmte Norm anzunehmen ist. Es kann aber auch eine resultierende Relevanz im Hinblick auf eine ganze Normenordnung aufgestellt werden.

b) Aktualisierung

Die Relation von der Bedingung einer Norm zum Sein kann als „*Aktualisierung*" bezeichnet werden. Ist eine bedingte Norm gegeben und die Bedingung verwirklicht, so kann man — von der Norm her gesehen — davon sprechen, daß diese Norm aktualisiert ist. Die Relation von der Bedingung der Norm her gesehen zur Tatsache läßt sich als Aktualisierung bezeichnen. Wenn man davon spricht, ob eine Norm „aktualisiert" ist, so ist dies keine Relation mehr, sondern eine Eigenschaft der Norm.

E. Normative Relationen

Die Frage der Relationen zwischen der Bedingung einer Norm und der ihr entsprechenden Tatsachen ist von theoretischer und praktischer Bedeutung. So lange die in der Norm enthaltenen Bedingungselemente nicht verwirklicht sind, ist nur von einer *potentiellen Pflicht* zu sprechen, welche sich aufgrund dieser Norm ergibt. Ist die Norm aktualisiert, so entsteht aufgrund dieser aktualisierten Norm eine *aktuelle* Pflicht.

c) Normgemäßheit

Die Relation vom Sein zum gesollten Verhalten läßt sich als „*Normgemäßheit*" verstehen. Liegt ein tatsächliches Verhalten vor und entspricht dieses tatsächliche Verhalten dem gesollten Verhalten einer Norm, so ist von dem tatsächlichen Verhalten auszusagen, daß es normgemäß ist. Die von dieser Tatsache zum gesollten Verhalten der Norm bestehende Relation läßt sich als Normgemäßheit auffassen. Handelt es sich bei der Norm um eine Rechtsnorm, so bietet sich anstelle des Ausdruckes „Normgemäßheit" der Ausdruck „Rechtmäßigkeit" an. Die Normgemäßheit besteht in einer Beziehung zwischen der Tatsache und dem gesollten Verhalten.

Ob die Bedingung der Norm verwirklicht wurde oder nicht, ergibt sich nicht aus der Relation der Normgemäßheit, sondern ist im Hinblick auf die Aktualisierung zu beurteilen. Freilich spricht man im üblichen Sinn noch nicht schon dann von einer Normgemäßheit, wenn ein tatsächliches Verhalten dem gesollten Verhalten einer Norm entspricht, sondern erst dann, wenn noch dazu die Norm aktualisiert ist.

Die Normgemäßheit wurde auch als Ansatzpunkt für den Versuch des Aufbaues einer *Wertlehre* verwendet. Diesbezüglich ist auf Kelsen zu verweisen. Dort wird die Entsprechung oder der Widerspruch einer Tatsache zu einer Norm als positiver oder negativer Wert bezeichnet.

d) Effektivität

Die Relation vom gesollten Verhalten zum Sein kann als „*Effektivität*" bezeichnet werden. Von einer Norm aus gesehen läßt sich fragen, ob das in dieser Norm enthaltene gesollte Verhalten tatsächlich verwirklicht wurde. Ist dies der Fall, so ist die Norm als „effektiv" und die Relation von der Norm zum tatsächlichen Verhalten als „Effektivität" zu benennen.

Daß das in einer Norm vorgeschriebene Verhalten auch tatsächlich gesetzt wird, bedeutet aber im üblichen Sinne noch nicht, daß diese Norm effektiv ist. Bei dem gebräuchlichen Begriff der Effektivität ist es noch erforderlich, daß auch die Bedingungen der Norm erfüllt sind, das heißt, daß die Setzung des gesollten Verhaltens beim Vorliegen einer aktuellen Pflicht erfolgt. Eine Ineffektivität liegt nach dem üblichen Wortsinn erst dann vor, wenn zwar die Bedingungen einer Norm verwirklicht wurden, jedoch das gesollte Verhalten nicht gesetzt wurde. Es ist fraglich, ob man schon die allgemeine Beziehung zwischen dem gesollten Verhalten einer Norm und dem tatsächlichen Verhalten als Effektivität bezeichnen soll, oder ob man nicht diesen Ausdruck für jenen Sonderfall bewahren sollte, in welchem die Bedingungen dieser Norm ebenfalls verwirklicht sind. Entscheidet man sich für den letzten Begriffsinhalt, so liegt eine „Effektivität" oder „Ineffektivität" (im *engeren* Sinn) nur dann vor, wenn die Norm aktualisiert wurde. Ist die Norm nicht aktualisiert, so kann man weder von Effektivität (im engeren Sinn) noch von Ineffektivität (im engeren Sinn) sprechen.

3. Relationen als Bedingungselemente

Normative Relationen können in anderen Normen als *Bedingungselemente* vorkommen; so kann eine Norm an dem Widerspruch zwischen anderen Normen anknüpfen oder an der Effektivität oder Ineffektivität einer anderen Norm etc. Der Vielfalt normativer Relationen entspricht eine Vielfalt von Anknüpfungsmöglichkeiten an solche normative Relationen. Aus der Vielfalt möglicher Anknüpfungsvarianten seien nur beispielsweise einige hervorgehoben:

Die Anknüpfung kann an die Inaktualität einer anderen Norm erfolgen. Nachdem das Normsetzungssubjekt von vornherein nicht weiß, ob die Bedingung einer Norm eintreten wird oder nicht, ist es zweckmäßig, eine weitere Norm für den Fall zu setzen, daß die Bedingung der ersten Norm nicht verwirklicht wird.

Die Anknüpfung kann an die Ineffektivität einer anderen Norm erfolgen. Solche Anknüpfungen an die Ineffektivität, wie aber auch an die Effektivität anderer Normen sind sehr häufig. Ein Fall der Anknüpfung an die Ineffektivität einer anderen Norm ist die Sanktionskonstruktion. Zumeist sind in der zweiten Norm neben dem Bedingungselement der Ineffektivität der ersten Norm noch andere Bedingungselemente enthalten.

4. Relationen zwischen Sollen und Möglichkeit

Wenn man die *Relationen zwischen Sollen und Möglichkeit* betrachtet, so ist zunächst darauf aufmerksam zu machen, daß das Normative einen zweifachen Zugang zur Möglichkeit hat:

a) Möglichkeit der Normen

Zunächst ist auf die *Möglichkeit der Normen* hinzuweisen. Die einzelne Norm ist nicht etwas notwendigerweise Gegebenes, sondern wird in Konkurrenz zu anderen möglichen Normen gesetzt. Dies bedeutet, daß die Norm als etwas vom Menschen Geschaffenes neben den anderen Möglichkeiten des Schaffbaren betrachtet werden muß und daß demnach eine Einordnung der positiven Normen zu den nicht positiven Normen notwendig erscheint. Die strukturelle Standortbestimmung der einzelnen Norm erfolgt gegenüber dem Spektrum potentieller Normen. Die positive Norm ist nur ein Sonderfall potentieller Normen.

Wenn man von dem Spektrum möglicher Normen ausgeht, so gibt es wiederum zwei Bereiche, mit welchen sich dieses Spektrum möglicher Normen konfrontieren läßt. Einerseits ist zu fragen, inwieweit die *potentiellen* Normen als *positive* Normen statuiert wurden und andererseits ist zu fragen, inwieweit positive Normen *effektiv* sind. Nur ganz wenige Varianten des Spektrums möglicher Normen sind positiviert oder effektuiert. Die potentiellen Normen bilden jenen Maßstab, auf welchem sowohl die positiven Normen, wie auch die effektiven Normen bezogen werden können.

Die Kelsensche Unterscheidung zwischen Sein und Sollen umfaßt nur einen Teilbereich der Problematik. Die Relationen sind sowohl zwischen dem Sein und dem Sollen, wie unter Einbeziehung der Möglichkeit zu untersuchen. Der Bereich der Möglichkeit ist ein vom Sein wie vom Sollen unabhängiger Gegenstandsbereich.

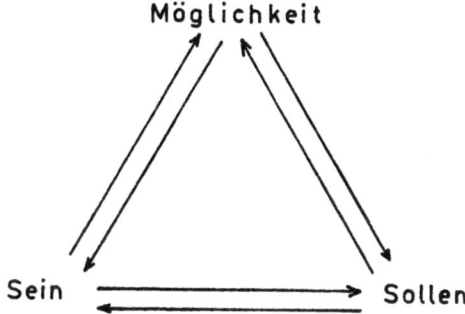

b) Relationen zwischen der Norm und der Möglichkeit

Wird in einer Norm ein bestimmtes Verhalten vorgeschrieben, oder eine bestimmte Tatsache in die Bedingung aufgenommen, so läßt sich das gesollte Verhalten, wie auch das Bedingungselement mit dem Bereich möglicher Verhaltensweisen bzw. mit dem Bereich möglicher Bedingungselemente in Beziehung bringen. Der zweite Ansatzpunkt des Problems Norm und Möglichkeit besteht also darin, daß sich zwischen der positiven Norm und der Möglichkeit *Relationen* ziehen lassen.

Ist eine Norm gegeben, so kann man fragen, inwieweit ein Normelement, etwa das gesollte Verhalten oder eine Bedingung, im Bereiche der Möglichkeiten aufscheint.

Die Relationen sind hier ebenfalls zweiseitige. Sie lassen sich einerseits von der Norm her und andererseits von der Möglichkeit her sehen. Im einzelnen sind folgende Relationen hervorzuheben:

aa) Relation von der Möglichkeit zur Bedingung einer Norm. Die Relation vom Sein zur Bedingung einer Norm wurde als „Relevanz" bezeichnet. Man könnte den selben Ausdruck ebenfalls für diese Relation verwenden. Nur liegt hier keine Relevanz des Seins gegenüber einer Norm, sondern eine Relevanz der Möglichkeit gegenüber einer Norm vor.

bb) Relation von der Bedingung einer Norm zur Möglichkeit. Entspricht der Bedingung einer Norm keine kausale Möglichkeit, so wird die Bedingung dieser Norm nie eintreten. Es steht in diesem Falle fest, daß die Norm inaktuell bleibt. Ist andererseits die Bedingung der Norm gegeben, so liegt deswegen noch keine Aktualisierung der Bedingung vor, da es bei der Aktualisierung nicht auf die Möglichkeit, sondern auf die Verwirklichung der Bedingung ankommt.

cc) Relation von der Möglichkeit zum gesollten Verhalten. Hier könnte wieder eine Analogie zur Relation vom Sein zum gesollten Verhalten gezogen werden. Wie sich dort von der Normgemäßheit des Seins sprechen läßt, kann man hier von der Normgemäßheit einer Möglichkeit sprechen.

dd) Relation vom gesollten Verhalten zur Möglichkeit. Wird in einer Norm ein Verhalten vorgeschrieben, welches kausal nicht möglich ist, so ist auf die Ineffektivität zu schließen. Es können daran wieder andere Normen anknüpfen und bestimmte Rechtsfolgen vorschreiben. So kann das Gesetz sagen, daß das, was geradezu unmöglich ist, nicht Gegenstand eines gültigen Vertrages sein kann.

c) Arten der Möglichkeit

Welche *Arten* der Möglichkeit sind denkbar? Ohne hier auf die philosophische Problemstellung eingehen zu wollen, seien folgende Arten der Möglichkeit kursorisch hervorgehoben:

aa) Ideelle Möglichkeit

aa) Unter einer *ideellen* Möglichkeit eines gesollten Verhaltens wird verstanden, daß dieses Verhalten denkbar ist. Diese ideelle, begriffliche Möglichkeit ist wohl die umfassendste Art der Möglichkeit. Ob eine solche ideelle Möglichkeit auch verwirklichbar ist, ist eine andere Frage. Daher umfassen die anderen Arten der Möglichkeit jeweils einen engeren Bereich als die ideelle Möglichkeit. Ist keine ideelle Möglichkeit gegeben, so wird keine Norm vorliegen. Ist hingegen nur keine kausale, keine soziologische Möglichkeit gegeben, so liegt zwar eine Norm vor, aber diese Norm wird ineffektiv bleiben.

bb) Kausale Möglichkeit

bb) Unter einer *kausalen* Möglichkeit wird die tatsächliche Durchführbarkeit verstanden. Ob es sich im konkreten Fall um eine physikalische, chemische oder sonstige naturwissenschaftliche Kausalbeziehung handelt, ist bei dieser Betrachtung von untergeordneter Bedeutung. Die kausale Möglichkeit ist begrifflich enger als die ideelle Möglichkeit.

cc) Soziologische Möglichkeit

cc) Weiters ist die *soziologische* Möglichkeit zu beachten. Wird von einem Normadressaten ein Verhalten gefordert, so ist zu berücksichtigen, wie weit dieses gesollte Verhalten im Rahmen der jeweiligen soziologischen Verhältnisse setzbar ist.

dd) Psychologische Möglichkeit

dd) Die Frage des „Zumutbaren" umfaßt neben Fragen der soziologischen Möglichkeit des gesollten Verhaltens auch Fragen der *psychologischen* Möglichkeit.

ee) Normative Möglichkeit

ee) Schließlich ist noch eine *normative* Möglichkeit gegeben. Normen werden zumeist nicht isoliert gesetzt, sondern treffen in der Regel mit anderen Normen zusammen. Das Normsetzungssubjekt hat daher zu beachten, inwieweit das in der Norm vorgeschriebene Verhalten im Hinblick auf die übrigen Normen „möglich" ist. Eine solche normative Möglichkeit kann für die Effektivität bzw. für die Effektivitätsvoraussage ebenfalls von Bedeutung sein.

d) Spektrum möglicher Verhalten

Diese verschiedenen Bereiche der Möglichkeiten können zueinander in Beziehung gesetzt werden. Das *Spektrum möglicher Verhalten* setzt sich aus verschiedenen Abschnitten zusammen.

So kann man die in einer konkreten Situation möglichen Verhaltensweisen untersuchen.

Man kann aber auch von der konkreten Situation völlig absehen und nur die verschiedenen Typen von Verhaltensweisen in abstrakter Weise einordnen und systematisieren.

Ein weiterer Schritt ist der, daß Bewertungskriterien angenommen und die verschiedenen Varianten des Verhaltens mit den jeweiligen Wertkriterien konfrontiert werden. Es ist im Einzelfall interessant festzustellen, welche der möglichen und bewerteten Verhaltensweisen durch Normen gesollt sind.

Verschiedene Möglichkeitsteilbereiche können sich dadurch ergeben, daß man bloß den Verhaltensspielraum für ein Subjekt oder bloß für einen bestimmten Zeitraum oder hinsichtlich einer bestimmten Sache untersucht. So kann man die Verhaltensmöglichkeiten einer Person in einer bestimmten Situation zum Gegenstand der Untersuchung machen.

Dem Spektrum möglicher Verhalten können auch mehrere Normen gegenüberstehen. Entweder werden sämtliche Varianten des Spektrums durch die Normen geregelt oder es werden nur einige oder die überwiegende Anzahl der Varianten des Spektrums möglicher Verhalten überhaupt nicht geregelt.

Die Freiheit ergibt sich hier als quantitatives Problem. Die partielle Freiheit wird davon abhängen, in welchem Ausmaß den einzelnen Möglichkeiten Normen gegenüberstehen. Zum Unterschied von einer partiellen Freiheit würde bei einer totalen Freiheit den einzelnen Handlungsmöglichkeiten keinerlei Norm gegenüberstehen.

Die Frage nach dem offenen Handlungsspielraum und nach den nicht geregelten oder bewußt freigelassenen Handlungsmöglichkeiten ist unter anderem für die Erklärung des Ermessens von Bedeutung.

III. Normativer Status

A. Problemstellung

Eine Norm ist eine Interaktion, welche von einer physischen Person an eine andere physische Person gerichtet wird. Für die Normsetzung ist nur das Vorhandensein des Normsetzungssubjektes wesentlich, nicht jedoch das Vorhandensein des Normadressaten. Es genügt, wenn sich die Norm inhaltlich auf einen Normadressaten bezieht, die Existenz dieses Normadressaten ist für die Existenz der Norm selbst nicht wesentlich.

1. Pflicht

Ist jedoch der Normadressat real gegeben, dann kann er im Hinblick auf die an ihn gerichtete Norm als verpflichtet angesehen werden. Diese *Pflicht* des Normadressaten ergibt sich aufgrund der Norm.

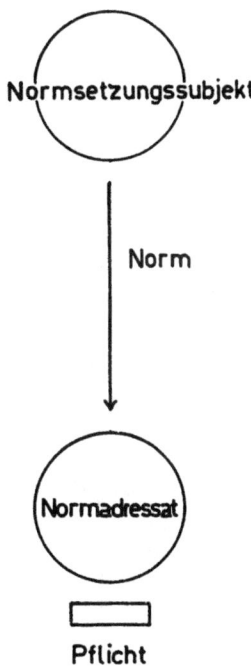

III. Normativer Status

Innerhalb welchen Zeitraumes ist der Normadressat als verpflichtet anzusehen? Der Beginn dieses Zeitraumes ist die Normsetzung, der Endpunkt jener Zeitpunkt, in dem das gesollte Verhalten gesetzt werden soll.

Die Pflicht ist nur ein Fall des *normativen Status,* unter welchem die Qualifikation einer Person im Hinblick auf eine Norm verstanden wird. Neben der Pflicht gehören zu den Fällen des normativen Status noch die Freiheit, die Berechtigung etc.

Im Gegensatz zur Normsetzung, welche zeitlich eher punktuell ist, ist der normative Status durch die Zeitdauer gekennzeichnet. Der normative Status ist die Qualifikation realer Normsubjekte im Hinblick auf eine Normsetzung.

2. *Relativität*

Der auffallendste Fall des normativen Status ist, wie bereits erwähnt, der der Pflicht. Die Grundlage der Pflicht ist eine Norm, welche an den Normadressaten gerichtet ist. Es besteht also eine notwendige *Relativität* zwischen der Pflicht und der ihr zugrundeliegenden Norm. Der Inhalt der Pflicht entspricht dem Inhalt der ihr zugrundeliegenden Norm. Wird in der Norm ein bestimmtes Verhalten vorgeschrieben, so kann der Normadressat zu eben demselben Verhalten als „verpflichtet" angesehen werden. Diese Übernahme des Inhaltes der Norm in den Inhalt der Pflicht bezieht sich aber nicht nur auf das gesollte Verhalten, sondern auf den gesamten Norminhalt.

3. *Einfache Pflicht*

Es ist nicht notwendig, eine Pflicht im Zusammenhang mit anderen Pflichten oder anderen Normen zu sehen. Es ist durchaus möglich, die einzelne Pflicht *isoliert* zu betrachten, d. h. nur im Zusammenhang mit der ihr zugrundeliegenden Norm. Eine solche Pflicht, welche isoliert auf die ihr zugrundeliegende Norm betrachtet wird, kann als *einfache* Pflicht bezeichnet werden. Demnach ergibt sich aus jeder Norm eine einfache Pflicht. Die Bedeutung dieser isolierten Betrachtung liegt darin, daß andere Pflichten sehr wohl diese erste Pflicht als geltend, ungültig etc. bezeichnen können. Doch auch die Geltung, die Ungültigkeit etc. sind relativ, nämlich im Hinblick auf die dieser Qualifikation zugrundeliegende Pflicht. Durch die Geltung etwa wird eine einfache Pflicht zu einer geltenden Pflicht qualifiziert, nicht etwa wird die Existenz der Pflicht begründet, da schon die einfache Pflicht existent ist. Gleiches gilt auch für die Ungültigkeit. Durch die Ungültigkeit wird eine einfache Pflicht als ungültig qualifiziert, nicht jedoch dieser einfachen Pflicht die Existenz aberkannt.

A. Problemstellung

Eine Qualifikation einer Pflicht kann jedoch nicht nur in Richtung Geltung, Ungültigkeit erfolgen, sondern auch im Hinblick auf die Zugehörigkeit zu einer *normativen Ordnung*. Je nachdem, ob eine Pflicht einer Rechtsordnung, einer Moralordnung oder einer religiösen Ordnung angehört, kann von einer Rechtspflicht, einer moralischen Pflicht oder einer religiösen Pflicht gesprochen werden. Das Geltungsproblem einer Pflicht, welches in der Beziehung zu einer anderen Pflicht besteht, ist also von der Frage der Zugehörigkeit einer Pflicht zu einer normativen Ordnung zu trennen.

4. Norm und Pflicht

Bei Kelsen wird von einer Identität von Rechtsnorm und Rechtspflicht gesprochen. Kelsen kennt jedoch einen ganz anderen Normbegriff, während hier von einem interaktiven Normbegriff ausgegangen wird. Da weiters die Pflicht bei Kelsen nicht als normativer Status aufgefaßt wird, besteht kein Anlaß, zwei Ausdrücke („Norm", „Pflicht") für die Bezeichnung desselben Begriffes zu verwenden. Es wird vielmehr der Begriff der Norm von dem Begriff der Pflicht streng *getrennt*, wobei die eigentlich gegenübergestellten Begriffe „Norm" und „normativer Status" sind. Da jedoch die Pflicht ein typischer Fall des normativen Status ist, wird bei den folgenden Erörterungen zumeist die Pflicht als repräsentatives Beispiel gewählt werden.

5. Historische Lösungsversuche

Für die Frage des normativen Status gibt es mehrere *historische* Lösungsversuche. In der Naturrechtslehre wurde zwischen status naturalis und status civilis unterschieden. Diese Art des normativen Status bezog sich jedoch nicht auf den Einzelnen, sondern auf die Gesamtbevölkerung, je nachdem, ob ein Staat gegründet worden war oder noch nicht. Eine spezielle Ausprägung erfuhr die Statustheorie durch Erhard Weigel und Samuel Pufendorf. Auch Georg Jellinek sieht den Status in Beziehung auf den Staat (status activus, status passivus, status positivus, status negativus). Zum Unterschied von der Naturrechtslehre wird bei Jellinek der Einzelne dem Staat gegenübergestellt. Bei der hier vorgeschlagenen Konstruktion des normativen Status wird dieser in der einfachsten Form auf die einzelne Norm bezogen. Ausgehend von dieser Konstruktion wird versucht, auch die anderen Fälle des normativen Status mitzuerfassen.

6. Recht im subjektiven Sinn

In Bereichen des Rechtes entspricht die Unterscheidung zwischen Norm und normativen Status im wesentlichen der Unterscheidung zwischen Recht im objektiven Sinn und *Recht im subjektiven Sinn*. Während unter Recht im objektiven Sinn die Normen verstanden werden, bezieht sich das Recht im subjektiven Sinn auf die Rechtsstellung des Einzelnen, wie sie sich aus dem Recht im objektiven Sinn für diesen ergibt. Es werden bei dem Recht im subjektiven Sinn — ebenso wie bei dem normativen Status — die subjektiven Verpflichtungen, Berechtigungen etc. zusammengefaßt.

7. Ideeller Zustand

Der normative Status ist insofern ein *ideeller* Zustand, als er zu unterscheiden ist von der psychischen Einstellung des Normadressaten bzw. der anderen Subjekte. Wird eine Norm an einen Normadressaten gerichtet, so kann dieser als verpflichtet bezeichnet werden, unabhängig davon, ob er von dieser Norm Kenntnis hat oder wie er sich willensmäßig zu dieser ihm zur Kenntnis gekommenen Norm stellt. Der normative Status der Pflicht hat mit einer allfälligen psychischen Haltung des Normadressaten zur Norm nichts zu tun. Die Qualifikation des Normadressaten als „verpflichtet" ist ausschließlich auf die Norm selbst bezogen und ist von der psychischen Einstellung des Normadressaten unabhängig.

8. Logische Beziehung

Die einzelnen Fälle des normativen Status stehen zueinander in einer *logischen* Beziehung. Während die Normen als Interaktionen getrennt in der Zeit gesetzt werden, ist es bei der Qualifikation von Personen im Hinblick auf diese Interaktionen durchaus möglich, normative Resultanten zu bilden. Die Qualifikationen der Normsubjekte bilden ein logisches System.

B. Zeitliche Ausdehnung des normativen Status

Die Normsetzung ist ein zeitlich eher punktuelles Ereignis. Der normative Status hingegen, wie etwa die Pflicht, ist durch eine zeitliche Erstreckung gekennzeichnet. Sind etwa mehrere Subjekte und mehrere Pflichten gegeben, so kann es zu sehr interessanten zeitlichen Überschneidungen kommen. Die Frage der normativen Kontinuität ist im wesentlichen eine Frage der zeitlichen Überschneidung des normativen Status.

1. Zeitabschnitte

Welche *Zeitabschnitte* kommen dafür in Betracht?

a) Zunächst die Zeit *vor* der *Normsetzung*. Es besteht hier für den

B. Zeitliche Ausdehnung des normativen Status 71

Normadressaten keine Pflicht, sondern eine Freiheit. Doch auch die Freiheit ist ein normativer Status.

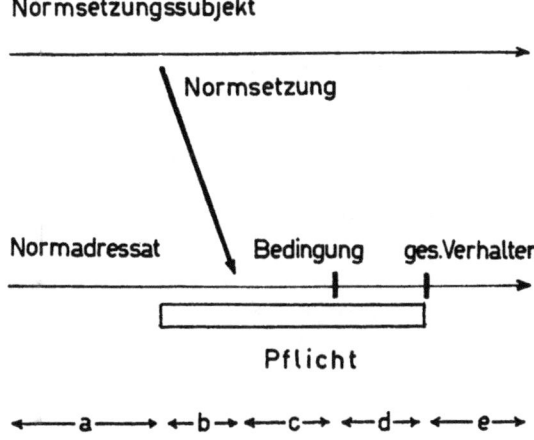

b) Der zweite Zeitabschnitt ist jener, welcher zwischen der Normsetzung und der *Kenntnis* des Normadressaten von der Norm liegt. Dieser Zeitabschnitt ist schon durch die Pflicht gekennzeichnet. Für das Bestehen der Pflicht ist nämlich nur die Normsetzung relevant, nicht aber die Tatsache, ob der Normadressat von dieser Pflicht Kenntnis hat.

c) Der dritte Zeitraum grenzt daran an und dauert bis zum Eintritt der *Bedingung*. In diesem Zeitraum kann von einer potentiellen Pflicht gesprochen werden.

d) Der nächste Zeitraum beginnt mit dem Eintritt der Bedingung und dauert bis zur Setzung des *gesollten Verhaltens*. Es ist dies jener Zeitraum, in welchem die Pflicht als aktuelle Pflicht verstanden werden kann.

e) Der fünfte Zeitraum schließlich ist jener, welcher an den Zeitpunkt des gesollten Verhaltens anschließt.

In diesem Zusammenhang ist auf einige Spezialprobleme hinzuweisen:

2. Rückwirkung

Bei der *Rückwirkung* handelt es sich nicht darum, daß der Normadressat vor dem Zeitpunkt der Normsetzung als verpflichtet anzusehen ist. Vielmehr liegt ein Anknüpfen an Bedingungen vor, welche sich auch vor dem Zeitpunkt der Normsetzung ereignet haben können. Bei der Norm ist die Bedingung vom gesollten Verhalten zu unterscheiden. Die erwähnte Art der Rückwirkung bezieht sich nur auf den Zeitpunkt der Bedingung. Es kann jedoch vorkommen, daß das gesollte Verhalten nicht in der Zukunft gesetzt werden soll, sondern bereits in der Vergangenheit gesetzt wurde. Zu unterscheiden ist hier eine bloße Bewertung eines früheren Verhaltens von einer echten Norm, welche intentional auf ein Sollen ausgerichtet ist. Es erscheint nicht sinnvoll, daß das gesollte Verhalten in der Vergangenheit gesetzt werden soll, zumal der Normadressat erst nach der Normsetzung von der Norm Kenntnis erhalten kann. Sind solche Normen, bei welchen das gesollte Verhalten in der Vergangenheit gesetzt werden soll, überhaupt als Normen aufzufassen? Die Beantwortung dieser Frage hängt davon ab, wie man den Begriff der Norm definiert. Faßt man den Begriff der Norm so, daß das gesollte Verhalten ausschließlich in der Zukunft liegen muß, dann würde eine derartig rückwirkende „Norm" nicht als Norm aufgefaßt werden können. Ist aber bei der Definition der Norm der Zeitpunkt des gesollten Verhaltens nicht eindeutig bestimmt, so kann auch eine derartig rückwirkende Norm als Norm aufgefaßt werden. Schließlich ist darauf hinzuweisen, daß eine derartig rückwirkende Norm nicht immer ineffektiv sein muß. Das gesollte Verhalten kann ja vom Normadressaten, wenn auch ohne Kenntnis von der erst zukünftigen Normsetzung, bereits verwirklicht worden sein.

3. Beginn der Pflicht

Wieso kann der Normadressat bereits *ab* dem Zeitpunkt der *Normsetzung* als verpflichtet angesehen werden, obwohl er noch gar keine Kenntnis von dieser Normsetzung haben kann? Ob der Normadressat verpflichtet ist oder nicht, ist zunächst eine Frage der Definition der Pflicht. Wenn der normative Status der Pflicht bereits ab der Normsetzung angenommen wird, so hängt die Existenz der Pflicht seit der Normsetzung eben von dieser Definition ab. Eine ganz andere Sache ist aber die, ob eine weitere Norm besteht, welche verbietet, daß bei einer Ineffektivität der ersten Norm durch eine dritte Norm eine Sanktion angeknüpft wird. Das Verbot, an eine Ineffektivität in diesem Zeitraum eine Sanktion zu verbinden, ist eine Frage der Metanormen und nicht einer isoliert betrachteten Norm.

4. Schuld

Für den Zeitraum nach dem Nichteintritt des gesollten Verhaltens (vgl. Abschnitt 1 e) kann ein eigener normativer Status, nämlich die *Schuld* angenommen werden. Es ist dies ein normativer Status, welcher vor allem im Zusammenhang mit religiösen Normen auftritt. Interessant ist nicht nur das Entstehen der Schuld, nämlich die Ineffektivität einer

Pflicht, sondern auch der entsprechend korrespondierende Akt der Befreiung von dieser Schuld.

5. *Existenz der Subjekte*

Die zeitliche Ausdehnung des normativen Status ist im Zusammenhang mit der *Existenz der Subjekte* zu sehen. Welche Subjekte kommen in Betracht? Es sind dies das Normsetzungssubjekt, der Normadressat, das Bezugssubjekt und das Bedingungssubjekt. Da der normative Status davon abhängig ist, daß ein reales Subjekt besteht, ist auch die zeitliche Ausdehnung des normativen Status von der zeitlichen Ausdehnung der Existenz des Subjektes abhängig.

Welche Arten der *Negation* kommen in Frage? Entweder ist eine Person überhaupt inexistent oder sie ist zunächst nicht da und tritt erst später auf oder sie ist zunächst vorhanden und fällt erst später weg. Aus der Kombination der Subjekte mit den verschiedenen Phasen ihrer Existenz oder Nichtexistenz ergibt sich eine Reihe von Fällen der zeitlichen Ausdehnung des Status.

a) Normsetzungssubjekt

a) Das *Normsetzungssubjekt* muß zur Zeit der Normsetzung existent sein. Ein späterer Wegfall des Normsetzungssubjektes hebt den normativen Status der Pflicht beim Normadressaten nicht auf.

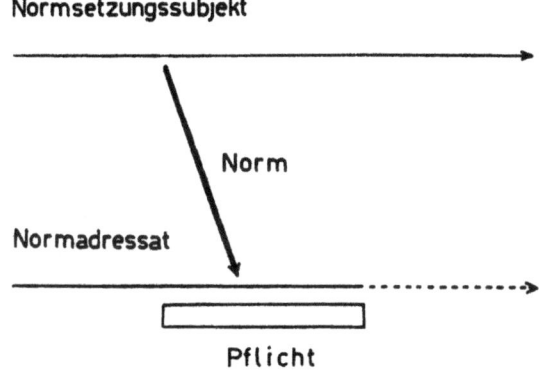

Die Normsetzung ist für das Normsetzungssubjekt gerade eine Möglichkeit, die Wirklichkeit über die eigene Existenz hinaus zu beeinflussen. Neben dem eigenen Verhalten, welches mittels der Kausalität über den Zeitraum der eigenen Existenz weiterwirkt, ist der Inhalt der Norm zeitlich nicht begrenzt.

b) Normadressat

b) Der *Normadressat* muß zum Zeitpunkt der Normsetzung noch nicht existent sein. Bei generellen Normen kann beim Zeitpunkt der Normsetzung oft noch gar nicht angegeben werden, an wieviele konkrete Normadressaten sich die einzelnen Normen richten werden.

Zum Unterschied von der Existenz der Norm, welche von der Existenz des Normadressaten unabhängig ist, ist die Existenz des normativen Status der Pflicht abhängig von der Existenz des Normadressaten. Tritt eine Negation des Normadressaten ein, so führt dies auch zur Negation der Pflicht. Entsteht überhaupt kein Normadressat, so kommt es auch nicht zum Entstehen der Pflicht.

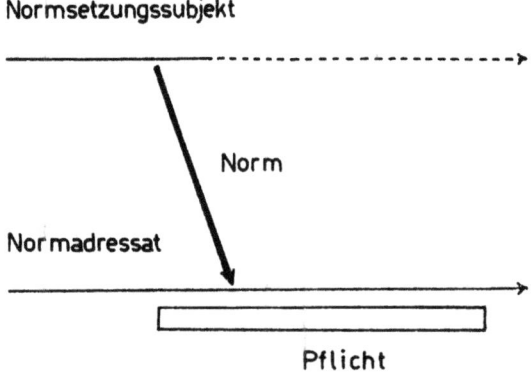

Es kann vorkommen, daß bei der Negation des Normadressaten scheinbar an ein anderes Subjekt die Pflicht übertragen wird. Da jedoch die Pflicht untrennbar mit der Existenz des Normadressaten verbunden ist, kann sie auch nicht übertragen werden. Es wird in so einem Fall, etwa im Erbrecht, vielmehr bei einem anderen Subjekt eine neue, wenngleich auch inhaltsgleiche Pflicht nachgebildet bzw. neugebildet.

Auch die juristischen Personen sind in diesem Zusammenhang zu erwähnen. Es handelt sich dabei um Konstruktionsmöglichkeiten, durch welche eine größere normative Kontinuität erreicht werden kann, als dies bei individuellen Pflichten möglich ist. Durch diese überindividuelle Kontinuität wird eine besondere Elastizität erreicht. Nomineller Normadressat ist der jeweilige Organwalter. Wer dies ist, ergibt sich aus den Organisationsnormen sowie aus den dienstrechtlichen Normen. Wenngleich bei den juristischen Personen die Organwalter wegfallen, bleibt dennoch das nominelle Normsubjekt gleich. Diese scheinbare, überindividuelle Kontinuität läßt sich letztlich in aufeinanderfolgende Abschnitte des normativen Status einzelner Personen auflösen.

c) Bezugssubjekt

c) Der normative Status des *Bezugssubjektes* ist ausschließlich von der Existenz des Bezugssubjektes abhängig, nicht jedoch davon, ob der Normadressat existent ist. Ebenso ist auch der Status des Bezugssubjektes unabhängig vom Status des Normadressaten oder eines anderen Subjektes.

Ist ein Normadressat gegeben und fällt das Bezugssubjekt weg, so bleibt damit die Pflicht des Normadressaten weiter existent, wenngleich auch der Status des Bezugssubjektes im Hinblick auf die Negation des Bezugssubjektes erlischt. Da jedoch kein Bezugssubjekt mehr vorhanden ist, welchem gegenüber das gesollte Verhalten gesetzt werden kann, bleibt die Pflicht ineffektiv. Es können in diesem Falle zusätzliche Normen eingreifen, welche dem Normadressaten vorschreiben, das Verhalten gegenüber einer anderen Person zu setzen. Solche subsidiäre Normen begründen jedoch wieder eine gesonderte Pflicht.

d) Bedingungssubjekt

d) Wird das *Bedingungssubjekt* negiert, so bleibt die Pflicht des Normadressaten nach wie vor bestehen. Da aber die Bedingung nicht mehr erfüllt werden kann, bleibt die Pflicht eine potentielle. Es ist ausgeschlossen, daß sie aktualisiert werden kann, da kein Bedingungssubjekt mehr vorhanden ist, welches diese Bedingung erfüllen könnte.

C. Deontisches Feld

Die einzelnen Fälle des normativen Status können zu einem „deontischen Feld" zusammengeschlossen werden. Der hiebei zunächstliegende Problemkreis ist der des normativen Status des Normadressaten. Die dabei auftretenden Fragestellungen sind im wesentlichen auch für die anderen Teile des deontischen Feldes repräsentativ. Kennzeichnend für das gesamte deontische Feld ist es, daß es eine formallogische Struktur aufweist.

1. Normativer Status des Normadressaten

Wie bereits mehrfach erwähnt, kann aus dem Vorhandensein einer Norm der normative Status der Pflicht abgeleitet werden.

Im Zusammenhang mit dem Vorhandensein einer Norm gibt es vier grundlegende Fälle. Es ist zwischen der Negation der Existenz der

Norm und der Negation des Inhaltes, des gesollten Verhaltens, zu unterscheiden.

a) Als *Gebot* kann jene Norm bezeichnet werden, welche ein bestimmtes Verhalten vorschreibt.

b) Ein *Verbot* ist jene Norm, in welcher vorgeschrieben wird, ein bestimmtes Verhalten nicht zu setzen.

Das Gebot unterscheidet sich vom Verbot nicht hinsichtlich seiner Existenz, sondern hinsichtlich der Negation des Inhaltes.

Es kann jedoch die Negation auch bei der Existenz der Norm auftreten. Entweder liegt *kein Gebot* vor oder *kein Verbot*.

Bezeichnet man die Norm mit N und das gesollte Verhalten mit A, so lassen sich diese vier Fälle wie folgt darstellen:

$$N(A)$$
$$\neg N(A)$$
$$\neg N(\neg A)$$
$$N(\neg A)$$

c) Aus jedem dieser vier, die Interaktion betreffenden Fälle, läßt sich ein entsprechender Fall des normativen Status ableiten:

Aus dem Gebot ergibt sich eine *gebietende Pflicht*.

Aus dem Mangel des Gebotes kann *keine gebietende Pflicht* abgeleitet werden.

Liegt kein Verbot vor, so folgt daraus *keine verbietende Pflicht*.

Liegt ein Verbot vor, so ergibt sich eine *verbietende Pflicht*.

Kennzeichnet man die Pflicht mit O (obligatio), so lassen sich diese vier Fälle wie folgt darstellen:

$$N(A) \to O(A)$$
$$\neg N(A) \to \neg O(A)$$
$$\neg N(\neg A) \to \neg O(\neg A)$$
$$N(\neg A) \to O(\neg A)$$

Es stellt sich in diesem Zusammenhang die Frage, ob die einzelnen Fälle des normativen Status, welche sich formallogisch ausdrücken lassen, jeweils mit verbalen Bezeichnungen zu versehen sind. Während der gebietenden Pflicht und der verbietenden Pflicht noch eine gewisse praktisch Bedeutung zukommt, gibt es jedoch viele Fälle, welche zwar denkbar aber ohne jegliche praktische Bedeutung sind. Es empfiehlt sich daher, anstelle von Benennungen die einzelnen Fälle des normativen Status bloß *durchzunumerieren*.

Die ersten vier Fälle des normativen Status des Normadressaten sind daher folgende:

C. Deontisches Feld

$$1 = O(A)$$
$$2 = \neg O(A)$$
$$3 = \neg O(\neg A)$$
$$4 = O(\neg A)$$

d) In der normativen Praxis kommt es jedoch wiederholt vor, daß diese vier grundlegenden Fälle miteinander kombiniert werden. So etwa stellen die Erlaubnis und die Freiheit ganz bestimmte *Kombinationen* dar. Eine solche Kombination kann mit einer Disjunktion (v) oder mit einer Konjunktion (&) erfolgen.

Jene Gruppe von Kombinationen, welche durch *Disjunktionen* gekennzeichnet sind, lautet wie folgt:

$$5 = 1 \, v \, 1$$
$$6 = 2 \, v \, 2$$
$$7 = 3 \, v \, 3$$
$$8 = 4 \, v \, 4$$
$$9 = 1 \, v \, 2$$
$$10 = 2 \, v \, 3$$
$$11 = 3 \, v \, 4$$
$$12 = 1 \, v \, 3$$
$$13 = 1 \, v \, 4$$
$$14 = 2 \, v \, 4$$
$$15 = 1 \, v \, 2 \, v \, 3$$
$$16 = 2 \, v \, 3 \, v \, 4$$
$$17 = 1 \, v \, 3 \, v \, 4$$
$$18 = 1 \, v \, 2 \, v \, 4$$
$$19 = 1 \, v \, 2 \, v \, 3 \, v \, 4$$

Der 20. Fall besteht darin, daß keiner der vier grundlegenden Fälle durch eine Disjunktion verbunden wird.

Werden die einzelnen vier grundlegenden Fälle durch *Konjunktionen* miteinander kombiniert, so ergibt sich folgende Aufstellung:

$$21 = 1 \, \& \, 1$$
$$22 = 2 \, \& \, 2$$
$$23 = 3 \, \& \, 3$$
$$24 = 4 \, \& \, 4$$
$$25 = 1 \, \& \, 2$$
$$26 = 2 \, \& \, 3$$
$$27 = 3 \, \& \, 4$$
$$28 = 1 \, \& \, 3$$
$$29 = 1 \, \& \, 4$$
$$30 = 2 \, \& \, 4$$
$$31 = 1 \, \& \, 2 \, \& \, 3$$

$$32 = 2 \,\&\, 3 \,\&\, 4$$
$$33 = 1 \,\&\, 3 \,\&\, 4$$
$$34 = 1 \,\&\, 2 \,\&\, 4$$
$$35 = 1 \,\&\, 2 \,\&\, 3 \,\&\, 4$$

Der Fall 36 bezieht sich auf jene Variante, bei welcher keiner der vier grundlegenden Fälle durch eine Konjunktion miteinander verbunden wird.

Diesen 36 Fällen des normativen Status des Normadressaten kommt in der Praxis durchaus nicht die gleiche Bedeutung zu. Hervorzuheben sind Fall 1 (gebietende Pflicht), 4 (verbietende Pflicht), 15 (positive Erlaubnis), 16 (negative Erlaubnis) sowie 26 (Freiheit).

e) Die *positive Erlaubnis* ist als jener Fall zu definieren, in welchem keine verbietende Pflicht besteht. Wenn die Erlaubnis mit P (permissio) bezeichnet wird, so läßt sich dies folgendermaßen ausdrücken:

$$P(A) = O(A) \ v \ \neg O(A) \ v \ \neg O(\neg A)$$

Die *negative Erlaubnis* besteht darin, daß keine gebietende Pflicht gegeben ist:

$$P(\neg A) = \neg O(A) \ v \ \neg O(\neg A) \ v \ O(\neg A)$$

f) Die *Freiheit* ist jener Fall des normativen Status, in welchem weder eine gebietende noch eine verbietende Pflicht vorhanden ist. Die Freiheit kann mit L (libertas) gekennzeichnet werden:

$$L(A) = \neg O(A) \ \&\ \neg O(\neg A)$$

Die Freiheit zur Setzung eines Verhaltens ist mit der Freiheit, dieses Verhalten zu unterlassen, gleichzusetzen:

$$L(A) = L(\neg A)$$

Von der logischen Struktur her gesehen sind durchaus noch weitere Fälle des normative Status denkbar. Die Annahme jedoch, daß es neben der Pflicht noch eine Erlaubnis und eine Ermächtigung als gleichbedeutende *Grundelemente* des Sollens gibt, ist nicht gerechtfertigt. Es ist durchaus möglich, sämtliche Fälle der Erlaubnis wie auch der Ermächtigung auf die Pflicht zurückzuführen. Die Pflicht selbst wiederum wird auf den Begriff der Norm bezogen.

2. Normativer Status des Bezugssubjektes

Es besteht kein hinreichender Grund, die Annahme eines normativen Status bloß auf den Normadressaten zu beschränken. Vielmehr ist es möglich, einen solchen normativen Status sowohl beim Bezugssubjekt wie beim Bedingungssubjekt oder beim Normsetzungssubjekt anzunehmen. Bei jedem dieser Subjekte ergeben sich ebensoviele Fälle des nor-

C. Deontisches Feld

mativen Status wie bei dem Normadressaten. Es ist jedoch festzuhalten, daß sich etwa der normative Status des Bezugssubjektes nicht vom normativen Status des Normadressaten ableitet, sondern ebenso wie der normative Status des Normadressaten ausschließlich aus der Norm selbst. Weiters ist es für die Existenz des normativen Status des Bezugssubjektes notwendig, daß ein reales Bezugssubjekt gegeben ist.

Die ersten vier Fälle des normativen Status des Bezugssubjektes (37, 38, 39 und 40) entsprechen den vier Fällen des Vorhandenseins eines Gebotes, des Nichtvorhandenseins eines Gebotes, des Nichtvorhandenseins eines Verbotes und des Vorhandenseins eines Verbotes.

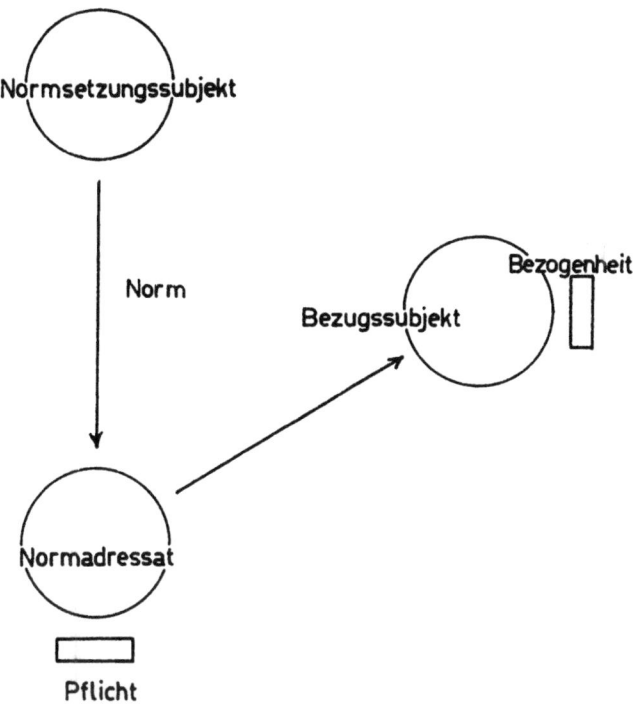

Der normative Status des Bezugssubjektes kann — wenn auch sprachlich nicht sehr geglückt — als *„Bezogenheit"* bezeichnet werden. Maßgeblich ist jedoch nicht die sprachliche Bezeichnung, sondern vielmehr die logische Struktur der einzelnen Fälle, welche bloß durchnumeriert werden:

37
38
39
40

41 = 37 v 37
42 = 38 v 38
43 = 39 v 39
44 = 40 v 40
45 = 37 v 38
46 = 38 v 39
47 = 39 v 40
48 = 37 v 39
49 = 37 v 40
50 = 38 v 40
51 = 37 v 38 v 39
52 = 38 v 39 v 40
53 = 37 v 39 v 40
54 = 37 v 38 v 40
55 = 37 v 38 v 39 v 40
56
57 = 37 & 37
58 = 38 & 38
59 = 39 & 39
60 = 40 & 40
61 = 37 & 38
62 = 38 & 39
63 = 39 & 40
64 = 37 & 39
65 = 37 & 40
66 = 38 & 40
67 = 37 & 38 & 40
68 = 38 & 39 & 40
69 = 37 & 39 & 40
70 = 37 & 38 & 40
71 = 37 & 38 & 39 & 40
72

3. *Normativer Status des Bedingungssubjektes*

Der normative Status des Bedingungssubjektes, welcher — sprachlich ebenfalls mißglückt — mit dem Wort „*Relevanz*" in Verbindung gebracht werden kann, läßt sich wie folgt darstellen. Dabei liegt den einzelnen Fällen die gleiche Bildungsregelung zugrunde, wie dem normativen Status des Normadressaten und dem normativen Status des Bezugssubjektes.

73
74
75

C. Deontisches Feld

76
77 = 73 v 73
78 = 74 v 74
79 = 75 v 75
80 = 76 v 76

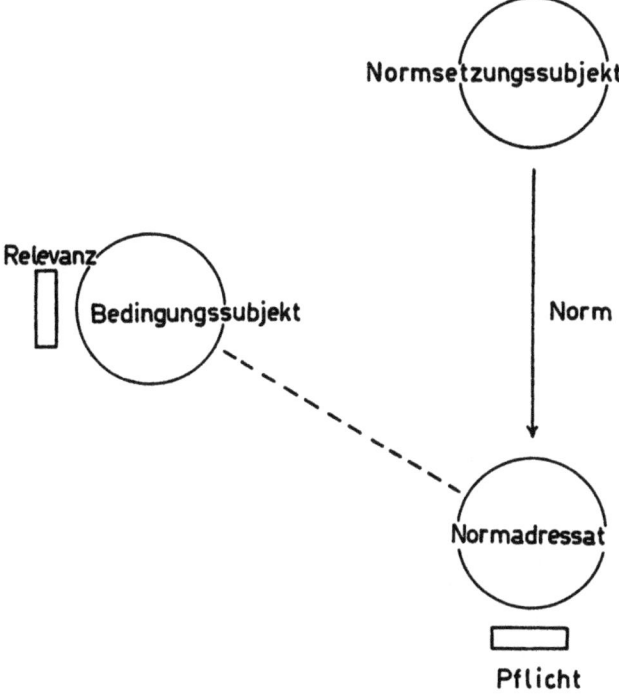

81 = 73 v 74
82 = 74 v 75
83 = 75 v 76
84 = 73 v 75
85 = 73 v 76
86 = 74 v 76
87 = 73 v 74 v 75
88 = 74 v 75 v 76
89 = 73 v 75 v 76
91 = 73 v 74 v 75 v 76
92
93 = 73 & 73
94 = 74 & 74
95 = 75 & 75

III. Normativer Status

$$
\begin{aligned}
96 &= 76 \;\&\; 76 \\
97 &= 73 \;\&\; 74 \\
98 &= 74 \;\&\; 75 \\
99 &= 75 \;\&\; 76 \\
100 &= 73 \;\&\; 75 \\
101 &= 73 \;\&\; 76 \\
102 &= 74 \;\&\; 76 \\
103 &= 73 \;\&\; 74 \;\&\; 75 \\
104 &= 74 \;\&\; 75 \;\&\; 76 \\
105 &= 73 \;\&\; 74 \;\&\; 76 \\
106 &= 73 \;\&\; 74 \;\&\; 76 \\
107 &= 73 \;\&\; 74 \;\&\; 75 \;\&\; 76 \\
108 &
\end{aligned}
$$

4. *Normativer Status des Normsetzungssubjektes*

Auch beim Normsetzungssubjekt kann ein normativer Status angenommen werden. Dieser besteht darin, daß etwa im Falle der Normsetzung das Normsetzungssubjekt als „herrschend" angesehen werden kann. Diese „*Herrschaft*" läßt sich ebenfalls als normativer Status auffassen. Entsprechend der logischen Struktur des normativen Status bei den anderen Normsubjekten lassen sich auch hier weitere 36 Fälle (Nummer 109 bis 144 des deontischen Feldes) unterscheiden.

Im Hinblick auf den gleichen logischen Aufbau erübrigt es sich, diese Fälle des normativen Status des Normsetzungssubjektes in einer eigenen Tabelle darzustellen.

5. *Erweiterungen des deontischen Feldes*

Nun stellt sich die Frage, ob die „Berechtigung" von der „Pflicht" abzuleiten ist oder ob das Umgekehrte zutrifft. Diese in der Literatur erörterte Abhängigkeit trifft jedoch für das System des normativen Status nicht zu. Es ist hier vielmehr so, daß sowohl die Pflicht als auch die Berechtigung oder die Freiheit etc. als Status aufgefaßt werden können, welche nicht voneinander abhängig sind, sondern vielmehr von der Existenz bzw. Nicht-Existenz einer Norm abgeleitet werden. Die verschiedenen Fälle des normativen Status stehen nebeneinander, ihr gemeinsamer Ausgangspunkt ist die Norm.

a) Freiheit als primärer normativer Status

Dennoch kann für den Normadressaten die *Freiheit* als primärer Fall des normativen Status aufgefaßt werden.

C. Deontisches Feld

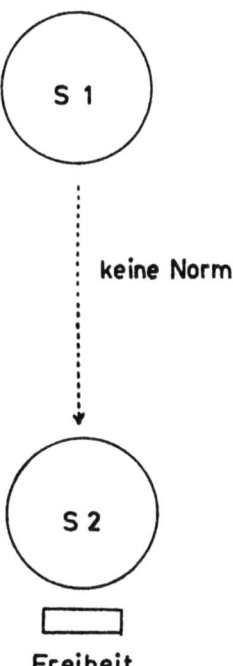

So lange keine Norm besteht, ist der potentielle Normadressat frei. Erst durch das Hinzutreten der Norm wird die umfassende Freiheit eingeschränkt, indem für ein bestimmtes Verhalten die Freiheit nicht mehr besteht, sondern durch eine Pflicht ersetzt wird. Für das Bezugsobjekt ergibt sich analog daraus, daß der primäre Fall des normativen Status weder das Vorhandensein einer Bezogenheit oder gar einer Berechtigung ist. Der primäre Status ist vielmehr der der mangelnden Bezogenheit und der mangelnden Berechtigung. Erst durch das Hinzutreten einer Norm entsteht die Bezogenheit oder die Berechtigung. Genauso wie die Pflicht ist der Status der Bezogenheit oder der Berechtigung ein relativer, nämlich jeweils nur im Hinblick auf eine zugrunde liegende Norm bestehend.

b) Problem der Berechtigung

Der normative Status der *Berechtigung* unterscheidet sich schon dadurch vom normativen Status der Pflicht, daß er bei einem ganz anderen Subjekt auftritt. Während die Pflicht dem Normadressaten zugeordnet ist, bezieht sich die Berechtigung auf das Bezugssubjekt. Die Berechtigung ist jedoch nicht mit dem Status der „Bezogenheit" zu verwechseln. Letzterer liegt dann vor, wenn eine Norm vorsieht, daß ein bestimmtes

Verhalten gegenüber einem Bezugssubjekt zu setzen ist. Eine bloße Bezogenheit ist noch keine Berechtigung. Damit eine solche vorliegt, ist es notwendig, daß eine *positive Bewertung* vorhanden ist. Das gesollte Verhalten, welches vom Normadressaten an das Bezugssubjekt gerichtet wird, muß — vom Standpunkt des Normsetzungssubjektes her — als positiv bewertet werden können. Damit geht die Konstruktion der Berechtigung über das rein Normative hinaus. Sie erschöpft sich nicht in der Normsetzung, sondern in dieser muß zusätzlich ein Bewertungselement zum Ausdruck kommen. Die Bewertung durch die verschiedenen Subjekte kann abweichend sein. Es kann vorkommen, daß das Normsetzungssubjekt annimmt, daß der Bezug des gesollten Verhaltens für das Bezugssubjekt positiv ist. In Wirklichkeit kann das Bezugssubjekt diesen Bezug ablehnen oder als neutral ansehen. Dies würde nichts an der Konstruktion ändern, daß in einem solchen Fall eine Berechtigung vorliegt, da der Begriff der Berechtigung es bloß auf die Bewertung durch das Normsetzungssubjekt abstellt. Die Bewertung tritt also zur Norm hinzu und bewirkt einen eigenen Fall des normativen Status. Die Berechtigung gehört ebenso wie die Sanktion zu jener Gruppe des normativen Status, wo ein faktisches Ereignis (hier die Bewertung) eine Rolle spielt. Auf diese Fälle, zu denen auch die potentielle und aktuelle Pflicht, die effektive und ineffektive Pflicht etc. gehören, wird noch später einzugehen sein.

Von der „Berechtigung" als normativem Status des Bezugssubjektes (Berechtigung im technischen Sinn) sind Fälle zu unterscheiden, die zwar im Sprachgebrauch auch als „Berechtigung" bezeichnet werden, jedoch konstruktionsmäßig abweichen:

In einer Norm wird vorgesehen, daß das gesollte Verhalten dann zu setzen ist, wenn eine andere Person ein bestimmtes Verhalten setzt. Diese andere Person ist „berechtigt", durch ihr Verhalten die Pflicht zur Setzung des gesollten Verhaltens auszulösen. Bei dieser anderen Person handelt es sich um kein Bezugssubjekt, sondern vielmehr um ein *Bedingungssubjekt*. Demgemäß betrifft diese sogenannte „Berechtigung" nicht den normativen Status des Bezugssubjektes, sondern vielmehr den normativen Status des Bedingungssubjektes. Eine Gleichsetzung mit der Berechtigung im technischen Sinn, also mit dem normativen Status des Bezugssubjektes ist schon deshalb problematisch, weil andernfalls eine „Berechtigung" zur Setzung eines Deliktes bestehen könnte, da das Delikt Bedingung jener Norm ist, aufgrund welcher die Strafe verhängt werden soll.

Weiters ist auch die *Erlaubnis* nicht mit der Berechtigung gleichzusetzen. Daß ein Verhalten für eine bestimmte Person erlaubt ist, bedeutet noch nicht, daß deswegen schon eine Berechtigung im technischen Sinn vorliegt. Die Erlaubnis bezieht sich auf den Normadressaten, während die Berechtigung dem Bezugssubjekt zuzuordnen ist. Wird jedoch einer Person ein Verhalten ausdrücklich erlaubt und gleichzeitig einer anderen Person vorgeschrieben, die Person, welcher das Verhalten erlaubt wurde, bei der Ausübung der Erlaubnis nicht zu stören, so ergibt sich aufgrund dieser hinzutretenden Norm eine Berechtigung. Die Berechtigung ist jedoch nicht auf die Erlaubnis, sondern auf die hinzutretende Norm zurückzuführen.

Auch eine ausnahmsweise Erlaubnis ist noch keine Berechtigung. So gibt es in der Rechtsordnung Fälle, bei denen ein bestimmtes Verhalten, wie z. B. der Betrieb eines Gewerbes, grundsätzlich verboten wird. Nur unter bestimmten Voraussetzungen wird eine solche Tätigkeit gestattet, das heißt, erlaubt. Die Voraussetzung besteht meist darin, daß eine Behörde eine Konzession verleiht. Diese behördliche Konzession ist die Bedingung dafür, daß die Ausnahme aktuell wird. Die bloße ausnahmsweise Erlaubnis bringt jedoch noch keine Berechtigung mit sich. Wird hingegen allen anderen Subjekten, einschließlich den behördlichen Organwaltern vorgeschrieben, diese Erlaubnis zu respektieren, dann liegt ein echter Fall einer Berechtigung vor.

c) Absolute und relative Rechte

In diesem Zusammenhang ist auf die Unterscheidung zwischen *absoluten und relativen Rechten* hinzuweisen. Der Unterschied besteht in der verschieden großen Anzahl der Normadressaten. Bei einem absoluten Recht wird einer großen Anzahl von Subjekten vorgeschrieben, gegenüber einem Bezugssubjekt ein bestimmtes Verhalten zu setzen, etwa ein vom Bezugssubjekt gesetztes Verhalten zu dulden. Bei den relativen Rechten richtet sich die Norm nur an wenige Normadressaten. Damit ist dieses Problem nur andeutungsweise umschrieben. Die einzelnen Konstruktionen der absoluten und relativen Rechte gehen meist auf eine Vielzahl von Normen zurück, welche eine mehr oder weniger große Kombinationsdichte aufweisen können.

Die im konkreten Rechtsmaterial vorkommenden Kombinationen und Konfigurationen können derartig differenziert sein, daß sie bei weitem über den Rahmen des hier Dargestellten hinausgehen. Die hier vorgelegten Konstruktionen sind jedoch nur Ansätze und sollen zeigen, in welcher Richtung diese Fragen beantwortet werden können.

d) „Starker" und „schwacher" normativer Status

Als ein Fall des normativen Status, welcher sich durch eine besondere Differenziertheit auszeichnet, kann die *starke Freiheit* angesehen werden. Es handelt sich dabei um folgendes:

III. Normativer Status

Es kann einem Subjekt durch ein Normsetzungssubjekt ausdrücklich eingeräumt werden, daß es „frei" sei. Eine solche Freiheit unterscheidet sich offensichtlich von jenem normativen Status des Normadressaten, welcher ebenfalls als „Freiheit" (vgl. oben lit. a) bezeichnet wird und welcher darin besteht, daß keine Norm an dieses Subjekt gerichtet wird. Eine solche Freiheit, welche dem Normadressaten zugeordnet wird und welche im Mangel einer Norm besteht, kann als *schwache Freiheit* bezeichnet werden.

Zunächst ist festzuhalten, daß die schwache Freiheit ein Fall des normativen Status des Normadressaten ist. Bei der starken Freiheit ist dies jedoch nicht der Fall. Diese ausdrückliche Zusicherung eines Normsetzungssubjektes an ein anderes Subjekt, daß dieses frei sei, besteht vielmehr darin, daß eine Norm an ein drittes Subjekt gesetzt wird, in welchem dieser vorgeschrieben wird, daß es keine Norm gegen jenes Subjekt richten soll, welchem die Freiheit zugesichert wurde.

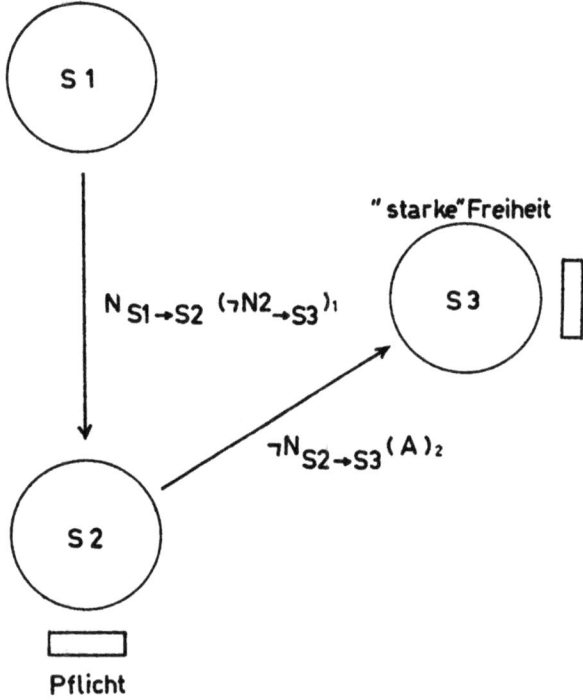

Jenes Subjekt, welches ausdrücklich als frei bezeichnet wurde, ist ein Bezugssubjekt einer Norm, welche an einen Normadressaten gerichtet wird. Die starke Freiheit — als ein Fall des normativen Status des Bezugssubjektes — korrespondiert mit einer Pflicht eines Normadressaten.

C. Deontisches Feld

Diese Pflicht besteht darin, keinerlei Normen an das Bezugssubjekt zu richten. Werden keine Normen an das Bezugssubjekt gesetzt, so entsteht aufgrund des Mangels von Normen bei diesem Subjekt der normative Status der Freiheit. Es handelt sich dabei um eine schwache Freiheit und das Bezugssubjekt der ersten Norm ist gleichzeitig der Normadressat der zweiten Norm. Das Subjekt, welchem ausdrücklich die starke Freiheit eingeräumt wird, hat also einen *doppelten* normativen Status: Einerseits ist es Bezugssubjekt im Hinblick auf die Verpflichtung des Normadressaten der ersten Norm, keine Normen zu setzen. Daraus ergibt sich ein Fall des normativen Status eines Bezugssubjektes. Andererseits wäre es Normadressat jener Normen, die der Normadressat der ersten Norm nicht an dieses Subjekt setzen soll. Dieser zweite Fall stellt eine schwache Freiheit und somit einen normativen Status als Normadressat dar. Die erste Norm, welche dieser ganzen Konstruktion zugrunde liegt, hat daher den Zweck, dem Bezugssubjekt einen bestimmten Status zu garantieren. Diese Norm kann daher als *Statuserzeugungsnorm* bezeichnet werden.

Es bestehen hier personelle Identitäten: Der Normadressat der Statuserzeugungsnorm ist gleichzeitig das Normsetzungssubjekt jener Normen, welche nicht gesetzt werden sollen. Das Subjekt, welchem die starke Freiheit verliehen wird, ist gleichzeitig Bezugssubjekt der Statuserzeugungsnorm und Normadressat jener Normen, welche nicht an es gesetzt werden sollen. Lediglich das Normsetzungssubjekt der Statuserzeugungsnorm kommt in einer einzigen normativen Position vor. Die sogenannte starke Freiheit setzt sich somit aus zwei getrennten Fällen des normativen Status zusammen, und zwar einerseits aus dem normativen Status der Bezogenheit und andererseits aus dem normativen Status der Freiheit. Die starke Freiheit geht somit nicht auf eine einzige Interaktion zurück, welche zwischen dem Normsetzungssubjekt der Statuserzeugungsnorm und jenem Subjekt, welches als frei zu bezeichnen ist, besteht, sondern es sind vielmehr drei Subjekte gegeben, wobei nur der Anschein entsteht, als würde die starke Freiheit *direkt* eingeräumt werden.

Dieser Unterschied zwischen der starken und der schwachen Freiheit ist nicht nur auf die Freiheit bezogen, sondern kann allgemein beim normativen Status vorkommen. So wurde schon bisher zwischen *schwacher* und *starker Erlaubnis* unterschieden.

Der Unterschied zwischen einem starken normativen Status und einem schwachen normativen Status ist vor allem deshalb von Bedeutung, weil meist eine *andere normative Absicherung* besteht.

Ist keine Norm gegeben, so kann von einer schwachen Freiheit gesprochen werden. Tritt eine Norm später hinzu, so ist diese schwache Freiheit *aufgehoben* und an ihre Stelle tritt eine Pflicht.

Wird jedoch ausdrücklich eine starke Freiheit eingeräumt, so besteht eine entsprechende Norm (Statuserzeugungsnorm). Tritt eine widersprechende Norm hinzu, so liegt ein echter *Normenkonflikt* vor. Dies kann wiederum Anlaß dafür sein, daß Kollisionsnormen eingreifen. Weist die Statuserzeugungsnorm einen höheren Rang auf als jene Norm, die ihr widerspricht, so kann über die Kollisionsnorm jener normative Status, welcher sich aus der widersprechenden Norm ergibt, als ungültig qualifiziert werden. In einem solchen Fall ist also die starke Freiheit durch eine Kollisionsnorm abgesichert. Im verschiedenen Grad der normativen Absicherung besteht die wesentlichste praktische Konsequenz zwischen einem schwachen und einem starken normativen Status.

D. Normative Resultanten

Sind mehrere Normen gegeben, so entstehen dementsprechend viele Fälle des normativen Status. Es stellt sich die Frage, ob man mehrere Fälle des normativen Status zusammenfassen und eine *normative Resultante* bilden kann.

Wenngleich auch eine normative Resultante hinsichtlich sämtlicher Fälle des normativen Status gebildet werden kann, wird im folgenden — aus Gründen der leichteren Verstehbarkeit — vor allem das Beispiel der Pflicht besprochen.

1. Einheitlicher Status

Ein *einheitlicher Status* liegt dann vor, wenn sämtliche zusammengefaßten Fälle des normativen Status denselben Inhalt aufweisen. Auszugehen ist davon, daß sich zwei Normen gleichen Inhaltes — $N(A)1$ und $N(A)2$ — an ein- und denselben Normadressaten wenden. Es entstehen dadurch bei diesem Normadressaten zwei Pflichten, wobei beide Pflichten — $O(A)1$ und $O(A)2$ — denselben Inhalt haben.

Es stellt sich nun die Frage, ob man diese beiden gleichlautenden Pflichten desselben Normadressaten zu einer normativen Resultante zusammenfassen kann. Diese normative Resultante kann als „einheitliche Pflicht" bezeichnet werden. Jede der Normen läßt sich mit einem Index (1,2) versehen. Die einzelne Pflicht trägt dieselbe Indizierung, wie die ihr zugrundeliegende Norm. Bei der einheitlichen Pflicht kann ebenfalls durch eine Indizierung — $e(1-2)$ — angegeben werden, welche Pflichten sie zusammenfaßt. Demnach läßt sich aus der Indizierung einer einheitlichen Pflicht aussagen, daß *jede* der im Index liegenden Normen denselben Inhalt hat, denn es besteht eine Identität des gesollten Verhaltens, der Bedingungen, des Normadressaten etc. Die Konstruktion der einheitlichen Pflicht, wie die des einheitlichen Status überhaupt, bringt eine Vereinfachung mit sich, da es nicht mehr notwendig ist, die einzelnen Pflichten und Normen aufzuschlüsseln. Anstelle einer Viel-

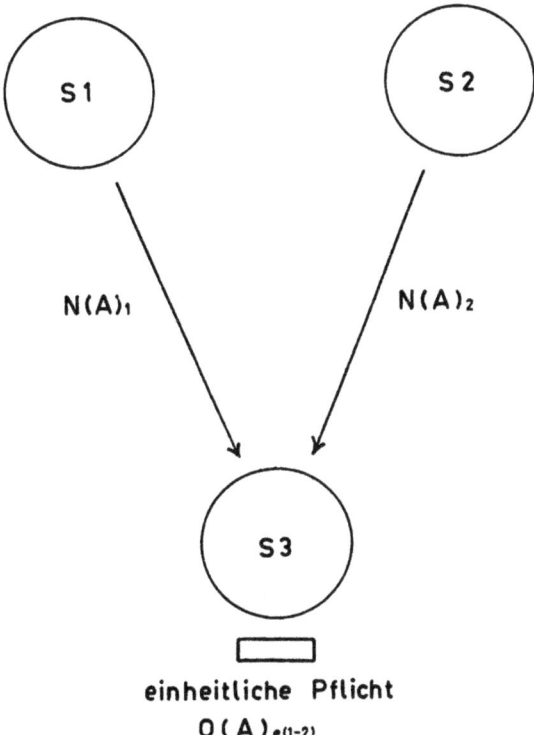

einheitliche Pflicht
$O(A)_{e(1-2)}$

heit von gleichlautenden Pflichten kann von einer einzigen, einheitlichen Pflicht gesprochen werden.

2. Zusammenfassender Status

Vom einheitlichen Status ist der *zusammenfassende Status* zu unterscheiden. Dies läßt sich am Beispiel der Pflicht folgendermaßen darlegen: Gegeben sind zwei Normen, welche sich an denselben Normadressaten richten. Jede der beiden Normen schreibt ein anderes gesolltes Verhalten vor.

Das gesollte Verhalten der ersten Norm ist jedoch mit dem gesollten Verhalten der zweiten Norm kompatibel. Aufgrund der beiden Normen ergeben sich zwei Pflichten: Aufgrund der ersten Norm eine Pflicht — $O(A)1$ — zu dem gesollten Verhalten der ersten Norm, aufgrund der zweiten Norm eine Pflicht — $O(B)2$ — zu dem gesollten Verhalten

III. Normativer Status

der zweiten Norm. Die zweite Norm bezieht sich jedoch nicht auf das gesollte Verhalten der ersten Norm, so daß daraus keine Pflicht — ¬ O (A) 2 — zum gesollten Verhalten der ersten Norm entsteht. Das gleiche gilt auch für die erste Norm, aus der sich keine Pflicht — ¬ O (B)

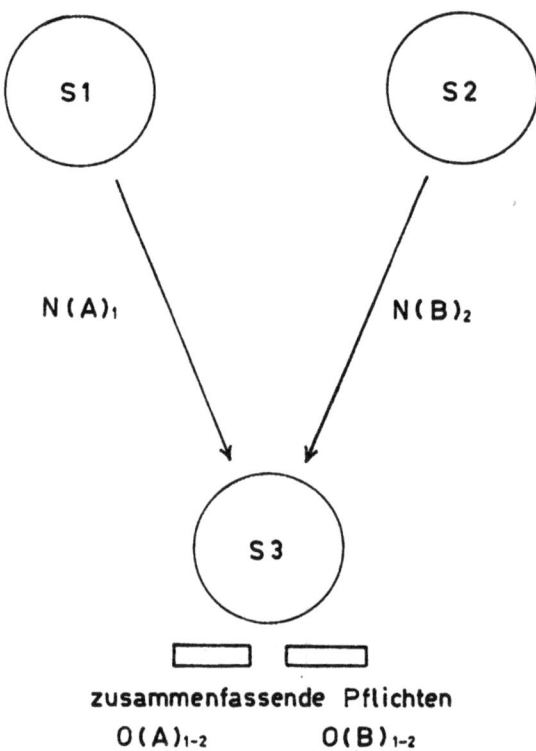

1 — zum gesollten Verhalten der zweiten Norm ableiten läßt Der normative Status des Normadressaten ist also ein Vierfacher: Es bestehen zwei Pflichten aufgrund der beiden Normen. Weiters ist zweimal ein Nichtbestehen einer Pflicht aufgrund der einen Norm hinsichtlich des gesollten Verhaltens der anderen Norm gegeben.

Betrachtet man nun nicht beide gesollten Verhalten, sondern nur ein einziges gesolltes Verhalten, so stellt sich die Lage folgendermaßen dar: Aufgrund der einen Norm, welche dieses gesollte Verhalten vorschreibt, ergibt sich eine Pflicht dazu. Aus der anderen Norm läßt sich das Nichtbestehen einer Pflicht dazu ableiten. Es stellt sich nun die Frage, ob diese beiden Fälle des normativen Status (Pflicht, Nichtbestehen einer Pflicht) zu einer normativen Resultante zusammengefaßt werden können. Eine solche normative Resultante, welche verschiedene Fälle des normativen

D. Normative Resultanten

Status zusammenfaßt, kann als „zusammenfassender Status" bezeichnet werden.

Im obigen Fall ergeben sich als normative Resultante aus einer Pflicht und dem Nichtbestehen einer Pflicht eine „zusammenfassende Pflicht". Da jedoch durch die beiden Normen zwei Verhaltensweisen vorgeschrieben werden, bestehen in Wahrheit jedoch insgesamt zwei zusammenfassende Pflichten, nämlich die eine hinsichtlich des einen und die andere hinsichtlich des anderen gesollten Verhaltens.

Auch bei dem zusammenfassenden Status lassen sich die Normen und die Fälle des Status indizieren. Nimmt man zwei Normen an, so erhält die zusammenfassende Pflicht den Index — 1 - 2 — der ihr zugrunde liegenden Normen. Liegt eine zusammenfassende Pflicht vor, so kann aus dem Index abgelesen werden, daß zumindest eine der im Index aufscheinenden Normen dieses Verhalten gebietet. Wie viele Normen es genau sind, kann nicht gesagt werden, da dies nicht zum Ausdruck kommt. Sicher ist nur, daß nicht alle der zusammenfassenden Pflicht zugrunde liegenden Normen dasselbe gesollte Verhalten vorschreiben, denn in einem solchen Fall ist eine einheitliche Pflicht gegeben. Sicher ist jedoch, daß bei einer zusammenfassenden Pflicht keine der zugrunde liegenden Normen das Gegenteil gebietet oder ein Verhalten, welches inkompatibel ist.

Das obige Beispiel bezieht sich auf zwei Normen, welche zwei verschiedene kompatible Verhaltensweisen vorschreiben. Wie ist der Fall zu behandeln, wenn es nicht zwei, sondern mehrere Normen sind, welche kompatible Verhaltensweisen vorschreiben?

Es ist in der gleichen Weise vorzugehen. Für jede einzelne der kompatiblen Verhaltensweisen läßt sich eine zusammenfassende Pflicht feststellen, welcher sämtlicher Normen zugrunde liegen. Aufgrund einer bestimmten Menge von Normen ergibt sich somit eine ebenso große Menge zusammenfassender Pflichten.

Die Konstruktion der normativen Resultanten ist deshalb von Bedeutung, da es für den Normadressaten bzw. jedes Normsubjekt weniger von Wichtigkeit ist, was eine einzelne Norm zu einem bestimmten Verhalten besagt, sondern vielmehr, was sich hinsichtlich eines einzelnen Verhaltens aus der *gesamten Normenordnung* ergibt.

Ein zusammenfassender Status kann jedoch nicht nur hinsichtlich von Pflichten, sondern für alle beliebigen Fälle des normativen Status gebildet werden.

Geht man von den vier grundlegenden Fällen des Vorhandenseins bzw. Nichtvorhandenseins einer gebietenden oder verbietenden Pflicht aus, so ergeben sich folgende Varianten:

Problemlos sind jene Fälle, in denen dieselben Fälle des normativen Status aufeinandertreffen, also ein einheitlicher Status gebildet wird.

Trifft eine gebietende Pflicht mit einer verbietenden Pflicht zusammen, so liegt ein neuer Fall des normativen Status vor. Gleiches gilt auch für jene Fälle, in denen das Nichtvorhandensein einer gebietenden Pflicht mit dem Nichtvorhandensein einer verbietenden Pflicht gegeben ist.

In jenen Fällen hingegen, in denen eine Pflicht (gebietend oder verbietend) zusammentrifft, wird (aufgrund einer angenommenen Regel) festgestellt, daß nur mehr diese (gebietende oder verbietende) Pflicht besteht.

In diesem Zusammenhang ist auf das Problem des *Widerspruches* einzugehen. Da Normen Produkte sind, welche vom Normsetzungssubjekt erzeugt werden, so kann es durchaus vorkommen, daß Normen einander widersprechende Inhalte haben. Es ist nicht Aufgabe der Wissenschaft, diese normativen Widersprüche wegzuinterpretieren oder zu bereinigen. Es kann bloß festgestellt werden, daß diese Widersprüche vorhanden sind.

Das deontische Feld umfaßt mehrere Fälle des normativen Status. Jeder dieser Fälle des normativen Status kann mit jedem anderen Fall kombiniert werden und es läßt sich daraus eine normative Resultante bilden. Weiters können auch zwischen mehreren normativen Resultanten wiederum neue normative Resultanten gebildet werden. Auf die einzelnen sich hiebei ergebenden Kombinationen ist hier nicht näher einzugehen.

3. Bedeutung von Metanormen

Es kann eine *Metanorm der Widerspruchsfreiheit* angenommen werden. Eine solche Metanorm würde dem Normsetzungssubjekt vorschreiben, nur widerspruchsfreie Normen zu setzen. Eine solche Metanorm kann effektiv oder ineffektiv sein. Ist sie effektiv, dann läßt sich aus jeder einzelnen Norm der Schluß ziehen, daß die anderen Normen entweder dasselbe gesollte Verhalten in gleicher Weise vorschreiben oder kompatible Verhaltensweisen betreffen. Auf jeden Fall ist es bei der Effektivität einer solchen, auf die Widerspruchsfreiheit hinauslaufenden Metanorm, ausgeschlossen, daß eine andere Norm das durch eine Norm vorgeschriebene Verhalten verbietet. In einem solchen System läßt sich aufgrund einer einzelnen Norm ein Schluß auf die Restmenge der Normen ziehen bzw. aus der einzelnen Pflicht auf den Inhalt der zusammenfassenden Pflicht.

D. Normative Resultanten

a) Kollisionsnormen

Wenngleich sich die verschiedenen Fälle des normativen Status in logischer Weise kombinieren und daraus normative Resultanten bilden lassen, so kann es dennoch zu widerspruchsvollen normativen Resultanten kommen, sofern die zugrunde liegenden Fälle des normativen Status Widersprüche aufweisen. In den Normenordnungen werden solche Probleme durch *Kollisionsnormen* bereinigt. Solche Kollisionsnormen sehen etwa vor, welcher Pflicht bzw. welchem normativen Status im Falle des Widerspruchs Gültigkeit zukommt.

Die Kollisionsnorm ist nicht geeignet, die normative Resultante als solche aufzuheben oder abzuändern, sondern sie ergibt als Lösung, welcher Fall des normativen Status als *geltend* und welcher als ungültig anzusehen ist. Die Kollisionsnorm betrifft also die Geltung und führt hier zu einem Ergebnis, sie verändert jedoch nicht die sich logisch ergebende normative Resultante. Der Problemkreis der normativen Resultante ist also vom Problemkreis der Geltung bzw. der Ungültigkeit zu trennen.

b) Zugehörigkeit zur normativen Ordnung

Schließlich ist neben dem Problem der normativen Resultanten und dem Problem der Geltung noch ein drittes Problem, nämlich die Qualifikation eines normativen Status im Sinne einer *Zugehörigkeit zur normativen Ordnung* zu unterscheiden. Unter einer solchen Zugehörigkeit zur normativen Ordnung ist zu verstehen, daß eine Pflicht etwa durch eine andere Pflicht nicht nur als geltend qualifiziert wird, sondern etwa als „Rechtspflicht". Es kann nun sein, daß sich im Fall des Widerspruchs eine solche Kollisionsnorm nicht nur auf die Geltung bezieht, sondern auch auf die Qualifikation der Pflicht im Sinne der Zugehörigkeit zur normativen Ordnung. Aber eine solche Zugehörigkeit zur normativen Ordnung betrifft ebenso wie die Geltung nur die *Qualifikation* der Pflicht, nicht jedoch deren Existenz. Durch die Zuerkennung oder Aberkennung der Zugehörigkeit eines normativen Status zur normativen Ordnung wird nicht das logische Problem der normativen Resultanten berührt, obwohl in der Praxis, das heißt also für den Normadressaten und somit auch für die Effektivität, die Qualifikationsprobleme (Geltung, Zugehörigkeit zur normativen Ordnung) im Vordergrund stehen.

Auf die Frage des möglichen Inhaltes solcher Kollisionsnormen sowie auf die Frage des Zusammentreffens mehrerer Kollisionsnormen und des Bestehens weiterer Metasysteme ist in diesem Rahmen nicht näher einzugehen.

III. Normativer Status

4. Kollektiver Status

Normen gleichen Inhaltes müssen sich nicht immer an dieselbe Person als Normadressat richten. Es ist möglich, daß solche gleichlautende Normen sich an verschiedene Personen als Normadressaten wenden, unabhängig davon, ob diese Normen vom selben Normsetzungssubjekt oder von verschiedenen Normsetzungssubjekten gesetzt werden.

a) Generelle Normen

Geht man vom Beispiel der *generellen Normen* aus, so gibt es eine Anzahl von Normadressaten, bei welchen eine Pflicht gleichen Inhaltes besteht.

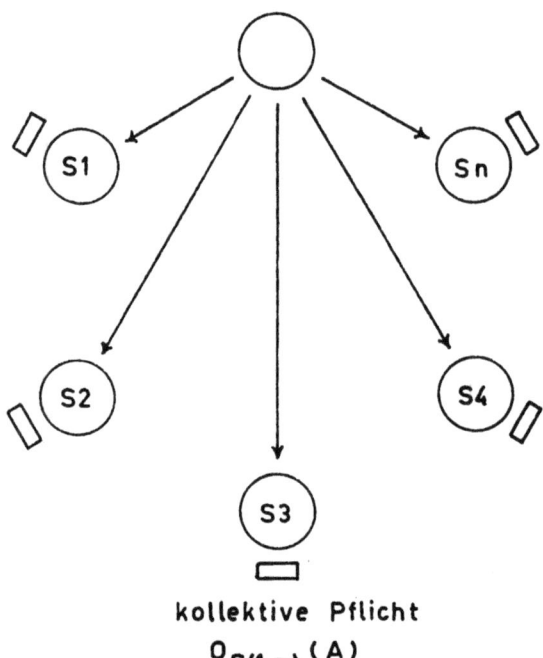

kollektive Pflicht

$O_{S(1\ n)}(A)$

Bestehen mehrere Subjekte und haben sie den gleichen Status, so kann dieser normative Status zu einem *kollektiven Status* zusammengefaßt werden.

Liegt ein kollektiver Status vor, so kann daraus geschlossen werden, daß sämtliche Subjekte, die diesem *Kollektiv* angehören, denselben Status aufweisen.

D. Normative Resultanten

b) Elastizität

Der kollektive Status bringt eine gewisse *Elastizität* mit sich. Zur Bezeichnung des Kollektivs ist es nämlich nicht wesentlich, ob nun ein oder zwei Subjekte mehr oder weniger diesem Kollektiv angehören. Der Begriff des Kollektivs ist gegenüber der genauen Anzahl seiner Mitglieder elastisch. Nimmt man etwa als Beispiel für ein Kollektiv ein „Volk" an und bestimmt man den kollektiven Status dieses Volkes, so ist ein umfangmäßiges Schwanken der Anzahl der Mitglieder dieses Volkes nicht wesentlich. Es müssen jedoch mindestens zwei Subjekte gegeben sein, damit man von einem kollektiven Status sprechen kann. Kommen weitere Subjekte hinzu, so sind sie zwar hinsichtlich des genauen Umfanges des Kollektivs zu registrieren; sie sind aber nicht maßgeblich für Inhalt und Existenz des kollektiven Status.

Eine andere Frage liegt darin, ob ein Kollektiv einen ganz bestimmten Umfang und eine ganz bestimmte Zusammensetzung haben muß, um in einer bestimmten Weise bezeichnet werden zu können. So etwa beinhaltet der Begriff „Volk", daß die Anzahl der Subjekte bei weitem über zwei hinausgeht.

Diese Elastizität des kollektiven Status besteht nicht nur hinsichtlich des personellen Umfanges des Kollektivs, sondern auch in *zeitlicher* Hinsicht. Der Begriff des Kollektivs und somit auch der Begriff des kollektiven Status bleiben gleich, ohne Rücksicht darauf, ob in der Zeit Subjekte hinzutreten oder Subjekte wegfallen.

c) Vollständige Normsetzung

Der kollektive Status ist auf den individuellen Status, also den Status der einzelnen Subjekte rückführbar. Wird eine generelle Norm gesetzt, so entsteht bei jedem einzelnen Normadressaten eine einfache Pflicht. Es ist jedoch auch eine *vollständige* Normsetzung denkbar, bei welcher jedes Subjekt an jedes andere Subjekt des Kollektivs eine Norm gleichen Inhaltes richtet.

In einem solchen Fall entsteht bei jedem Normadressaten eine einheitliche Pflicht. Auch diese individuellen einheitlichen Pflichten lassen sich zu einer kollektiven einheitlichen Pflicht zusammenfassen.

Der kollektive Status ist inhaltlich dahingehend zu *differenzieren*, ob er sich auf die Pflicht, auf die Erlaubnis, auf die Freiheit oder auf die anderen Fälle des normativen Status bezieht. Weiters ist eine Differenzierung dahingehend möglich, ob es sich um einen einheitlichen Status, einen zusammenfassenden Status, einen geltenden Status etc. handelt. Aus diesen verschiedenen Fällen ergeben sich wieder verschiedenste Kombinationen.

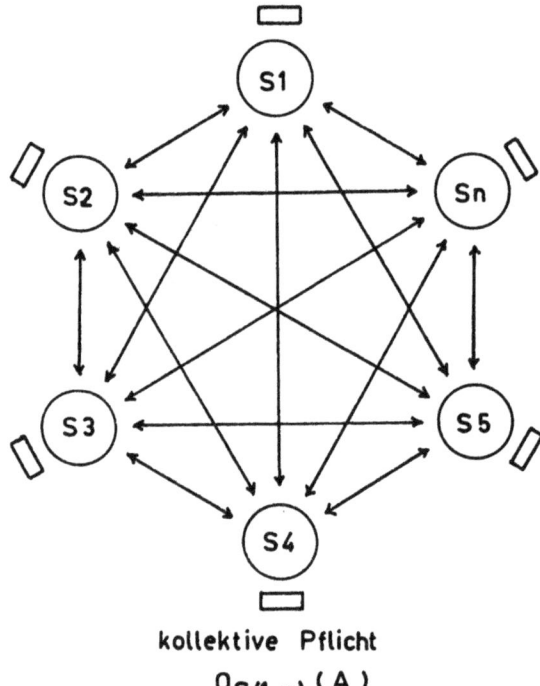

kollektive Pflicht
$O_{S(1\ n)}(A)$

d) Unregelmäßige Normsetzung

Liegt eine *unregelmäßige Normsetzung* vor, welche als Normadressaten sämtliche Subjekte besitzt, so besteht ebenfalls eine einheitlich kollektive Pflicht:

Die Elastizität bezieht sich in diesem Falle auch auf die Anzahl der *Normen*. Wenn ein einheitlich kollektiver Status besteht oder ein zusammenfassender kollektiver Status, ist es nicht relevant, wie viele Normen dem kollektiven Status zugrunde liegen. Maßgeblich ist nur, daß es eine Quantität ist. Wird der kollektive Status eines Kollektivs über einen bestimmten Zeitraum bestimmt, so können Schwankungen in der Anzahl der zum Kollektiv gehörigen Subjekte, wie auch Schwankungen in der Anzahl der dem kollektiven Status zugrunde liegenden Normen eintreten. Die Bedeutung der Konstruktion des kollektiven Status liegt darin, daß damit eine *normative Kontinuität* erreicht werden kann. Eine solche normative Kontinuität ist sowohl für Gewohnheiten als auch für die Konstruktion des Staates (präkonstitutionelle Rechtsschichte) von Bedeutung.

D. Normative Resultanten

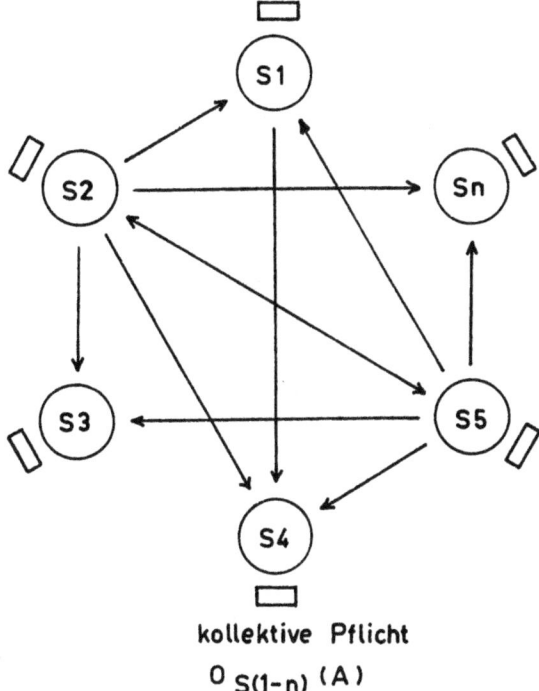

kollektive Pflicht

O S(1-n) (A)

e) Kollektiver normativer Gesamtstatus

Konsequenterweise kann daher auch ein normativer Gesamtstatus angenommen werden, welcher alle Schichten des normativen Status umfaßt, die ein Subjekt betreffen. Dieser individuelle normative Gesamtstatus kann jedoch auch zu einem *kollektiven normativen Gesamtstatus* zusammengefaßt werden.

Wie ferner unten noch auszuführen ist, kann ein normativer Gesamtstatus angenommen werden, welcher alle Schichten des normativen Status umfaßt, die ein Subjekt betreffen. Dieser individuelle normative Gesamtstatus kann jedoch auch zu einem *kollektiven normativen Gesamtstatus* zusammengefaßt werden.

f) Gewohnheiten

In diesem Zusammenhang ist auf *Gewohnheiten* einzugehen. Es handelt sich hierbei um kollektive Normsetzungen, welche im Ablauf der Zeit eine verschiedene Dichte erreichen. Nicht alle Subjekte beteiligen sich an den Normsetzungen, nicht alle Normen werden ständig wiederholt. Auch fehlt eine ausdrückliche Normsetzung des öfteren, wenngleich auch bei den potentiellen Normsetzungssubjekten ein Wille auf das gesollte Verhalten und bei den potentiellen Normadressaten ein Wille zum Gehorsam besteht. Bei den Gewohnheiten treten die ausdrücklichen Normsetzungen zurück. Dafür gewinnt in der Praxis die Effektivität oder Ineffektivität des Verhaltens bzw. die Bereitschaft der Normadressaten zum Gehorsam, wie überhaupt die Willenseinstellung aller beteiligten Subjekte eine größere Bedeutung. Dies führt wiederum zu Problemen der Anerkennung und zu der Überzeugung, daß diese Normen gesetzt werden bzw. daß man ihnen gehorchen soll. Die mangelnde Normsetzung wird von den beteiligten Subjekten oft durch die Projektion der Normsetzung ersetzt.

Inwieweit besteht ein Zusammenhang zwischen Gewohnheit und dem kollektiven Status? Da es sich bei Gewohnheiten letztlich doch um wiederholte Normsetzungen innnerhalb eines Personenkreises handelt, erzeugen diese Normen einen kollektiven Status. Die mit dem kollektiven Status verbundene Kontinuität und Elastizität kann daher auch für die Erklärung von Gewohnheiten herangezogen werden.

Ob eine Gewohnheit vorliegt und um welche Art von Gewohnheit es sich handelt, ist davon abhängig, welchen Begriff der Gewohnheit man annimmt. So etwa werden in der Definition des Gewohnheitsrechtes mehrere Kriterien verlangt. Es sind im Zusammenhang mit den Gewohnheiten die verschiedensten Anknüpfungspunkte, wie etwa Zeitdauer, Personenkreis, Effektivität, Anerkennung etc. denkbar. Zumeist sind es mehrere Kriterien. Dies gilt auch für die Kriterien einer Norm der obersten Rechtsschichte, des präkonstitutionellen Gewohnheitsrechts. Es erscheint simplifizierend, für diese oberste Schichte des Rechtes nur ein einziges Kriterium heranzuziehen.

Im Zusammenhang mit Gewohnheiten können auch *Metanormen* existieren. In solchen Metanormen kann bestimmt werden, wann dem normativen Status der Gewohnheit Geltung zukommt. Welche Bedingungen es für diese Geltungsverleihung gibt, hängt vom Inhalt der Metanormen und somit letztlich vom Willen des Normsetzungssubjektes ab. Es ist dessen Entscheidung überlassen, an welche Merkmale die Geltungsverleihung anknüpft. Es handelt sich um einen Fall *bedingter* Geltung. Solche Metanormen können dahingehend lauten, daß eine bestimmte Gewohnheit, wenn sie bestimmte Voraussetzungen erfüllt, als geltend bzw. als Teil einer normativen Ordnung angesehen werden soll.

Bei der normativen Ordnung des Rechtes sind zwei Schichten des Gewohnheitsrechtes zu unterscheiden: Einerseits die *oberste* Schichte des Rechtes, welche als Gewohnheitsrecht angesehen werden kann. Diese oberste Rechtsschichte besitzt keine Metanormen, welche ihr Geltung verleihen würden. Sie wird nicht im Hinblick auf irgendwelche Metanormen als Rechtsschichte qualifiziert, sondern ausschließlich aufgrund von bestimmten Eigenschaften, die sie aufweist. Von der gewohnheitsrechtlichen Schichte an der Spitze der Rechtsordnung sind jene gewohnheitsrechtlichen Bereiche zu unterscheiden, welche in die Rechtsordnung *eingegliedert* sind. Hier bestehen Rechtsnormen, welche unter ganz bestimmten Voraussetzungen den Gewohnheitsrechtsschichten die Geltung bzw. die Zugehörigkeit zur normativen Ordnung verleihen.

E. Geltung

Wenn eine Norm an einen Normadressaten gerichtet ist, entsteht bei diesem Normadressaten eine entsprechende Pflicht (normativer Status). Die Existenz der Pflicht ist also nur von der Existenz der Norm abhängig. Zwischen der Pflicht und der Norm besteht eine strenge Relativität. Für die Existenz der einen Pflicht sind andere Normen nicht maßgeblich. Ob andere Normen bestehen und welchen normativen Status sie erzeugen, ist eine gesonderte Frage.

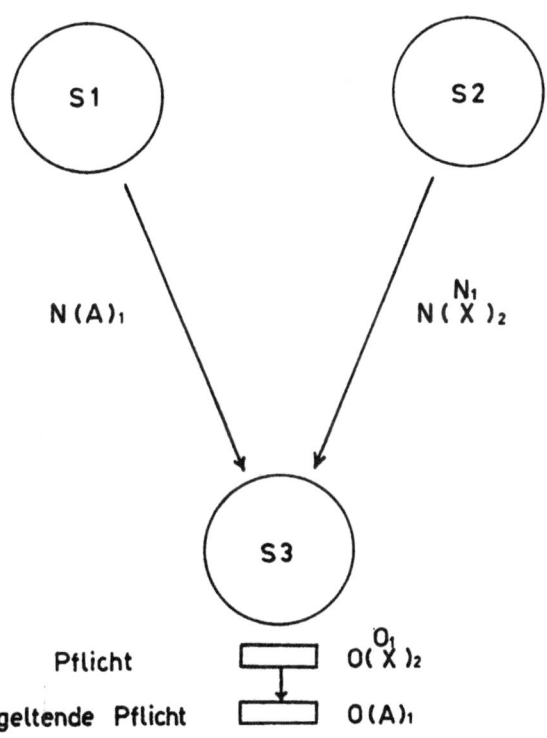

Wenn eine Norm gegeben ist, welche das Verhalten A vorschreibt, so kann eine zweite Norm hinzutreten, welche besagt, daß man der ersten Norm gehorchen soll. Der verlangte Gehorsam ist das gesollte Verhalten der zweiten Norm.

Aufgrund dieser beiden Normen entstehen zwei Pflichten: die Norm 1 erzeugt eine Pflicht 1, die Norm 2 erzeugt eine Pflicht 2. Die Pflicht 1 lautet, daß das Verhalten A gesetzt werden soll; die Pflicht 2 lautet, daß man der ersten Pflicht gehorchen soll. Die zweite Pflicht bezieht sich in einer ganz bestimmten Weise („Gehorchen") auf die erste Pflicht.

In einem solchen Fall kann man die erste Pflicht als *„geltend"* bezeichnen. Diese Geltung ist keine absolute, sondern eine relative, „im Hinblick auf die Pflicht 2 geltend". Die Geltung ist demnach die Qualifikation einer Pflicht im Hinblick auf den bestimmten Inhalt („Gehorchen") einer anderen Pflicht.

Entsprechend der hier verwendeten Terminologie wird nicht eine Norm als geltend bezeichnet, sondern eine Pflicht (normativer Status).

1. *Qualifikationsproblem*

Die Geltung als *Qualifikation* einer Pflicht setzt somit die Existenz einer Pflicht voraus, welche qualifiziert werden soll. Da es sich um die Qualifikation einer Pflicht durch eine andere Pflicht handelt, tritt das Problem der Geltung erst bei zwei existenten Pflichten auf, von welcher die eine Pflicht die andere als geltend qualifiziert.

Die *Existenz* der Pflicht 1 ist somit unabhängig davon, ob eine Pflicht 2 besteht oder nicht. Nur wenn die Qualifikation als geltend zu beurteilen ist, ist nach der Existenz einer zweiten Pflicht zu fragen. Die Geltung ist nicht die Seinsweise, also die Existenz einer Pflicht, sondern nur eine möglicherweise hinzutretende Qualifikation. Die Existenz der Pflcht ist unabhängig von der Geltung dieser Pflicht.

Die Existenz der Pflicht 1 ist lediglich von der Existenz der Norm 1 abhängig, wie die Existenz der Pflicht 2 lediglich von der Existenz der Norm 2 abhängig ist. Dies bedeutet, daß die Existenz einer Pflicht ausschließlich von der Existenz der Norm, von der Existenz des Aktes und des Sinnes dieser Norm abhängig ist, nicht jedoch von der Existenz anderer Normen.

Nur wenn die Pflicht einen ganz bestimmten Inhalt („Gehorchen") hat, ist sie geeignet, eine andere Pflicht als geltend zu qualifizieren. Diese zweite Pflicht muß also einen bestimmten Bezug auf die erste Pflicht haben. Es stellt sich daher die Frage, inwieweit dieser die Geltung erzeugende Inhalt von einer *Verweisung* verschieden ist. Bei einer Verweisung wird der Inhalt einer anderen Norm rezipiert, so daß er zum eige-

E. Geltung

nen Inhalt dieser ersten Norm wird. Der „ursprüngliche" Sinn der Norm wird durch die Verweisung zu einem „erweiterten" Sinn. Die Verweisung bezieht sich darauf, welchen Inhalt der Sinn einer Norm hat. Bei der Verweisung wird eine Norm nach dem Maßstab einer anderen Norm erweitert, bei der Geltung hingegen wird eine Pflicht durch eine andere Pflicht qualifiziert. Die Verweisung ist ein Inhaltsproblem, die Geltung hingegen ein Qualifikationsproblem. Die Verweisung bezieht sich auf die Norm, d. h. auf deren Inhalt, die Geltung bezieht sich auf die Pflicht (normativer Status). Durch die Geltung einer Pflicht aufgrund einer anderen Pflicht wird der Inhalt dieser ersten Pflicht nicht erweitert. Auch der Inhalt der geltungsverleihenden Pflicht wird nicht verändert, sondern enthält als gesolltes Verhalten das Gehorsamleisten gegenüber der anderen Pflicht. Der Verweisung wie der Geltung ist allerdings gemeinsam, daß eine Ausrichtung auf eine andeere Norm bzw. auf eine andere Pflicht gegeben ist. Jedoch ist der Inhalt dieser Intentionalität ein anderer.

2. Arten der Geltung

a) Geltung

Die *Geltung* besteht darin, daß eine Norm gegeben ist, welche vorschreibt, daß einer anderen Norm gehorcht werden soll. Wird diese Norm als Norm 2 bezeichnet und jene Norm, welcher gehorcht werden soll, als Norm 1, so kann daraus die Pflicht 2 abgeleitet werden, daß der Pflicht 1 gehorcht werden soll. Wie bereits erwähnt, kann aufgrund dieser Pflicht 2 die Pflicht 1 als geltend qualifiziert werden.

b) Nichtgeltung

Von der Geltung ist die *Nichtgeltung* zu unterscheiden. Es kann ja sein, daß eine solche zweite Norm, welche vorschreibt, daß man der ersten Norm gehorchen soll, nicht vorliegt. Demnach entsteht auch keine zweite Pflicht, daß der ersten Pflicht gehorcht werden soll. Daraus folgt, daß die erste Pflicht nicht als geltend qualifiziert werden kann. Es wird vorgeschlagen, eine solche Pflicht, welche von einer anderen Pflicht nicht als geltend qualifiziert wird, als „nichtgeltend" zu bezeichnen.

Wie bereits oben ausgeführt wurde, ist die Existenz der ersten Pflicht nur von der Existenz der ersten Norm abhängig, nicht aber von der Existenz einer zweiten Pflicht. Daher bedeutet, wenn die erste Pflicht „nichtgeltend" ist, daß diese erste Pflicht zwar existiert, daß aber keine zweite Pflicht da ist, die besagt, daß man der ersten Pflicht gehorchen soll. Eine nichtgeltende Pflicht ist also stets eine isolierte Pflicht, *isoliert vom passiven* Geltungszusammenhang mit anderen Pflichten.

Die Betonung des passiven Geltungszusammenhanges ist deshalb wichtig, da es bei diesem Beispiel zwei Pflichten gibt: die geltende und die geltungsverleihende Pflicht. Betrachtet man die geltungsverleihende Pflicht, so kann von ihr zwar ausgesagt werden, daß sie eine andere Pflicht als geltend qualifiziert, daß aber andererseits keine dritte Pflicht besteht, welche diese zweite Pflicht als geltend qualifizieren würde. Die zweite Pflicht ist daher als „nichtgeltend" zu bezeichnen. Von den beiden Pflichten des Beispiels ist daher eine geltend, die andere nichtgeltend. Die nichtgeltende Pflicht qualifiziert die geltende Pflicht.

Bei den Negationen, welche bei einer Norm auftreten können, ist zu unterscheiden zwischen Negationen, welche die Existenz der Norm betreffen, und solchen, welche im Inhalt der Norm enthalten sind. Die Nichtgeltung unterscheidet sich von der Geltung dadurch, daß hinsichtlich der Existenz der der Geltung zugrunde liegenden zweiten Norm eine Negation vorliegt. Die Negation kann aber den Inhalt betreffen. Es kann eine Norm vorliegen, welche besagt, daß man einer anderen Norm nicht gehorchen soll. Aufgrund dieser Norm ergibt sich eine entsprechende Pflicht.

c) Ungültigkeit

Die *Ungültigkeit* einer Pflicht liegt dann vor, wenn eine andere Pflicht besagt, daß man der ersten Pflicht nicht gehorchen soll. Die Ungültigkeit ist ebenso eine Qualifikation einer existenten Pflicht wie die Geltung und betrifft nicht die Existenz der Pflicht selbst. Ebenso wie die Geltung ist die Ungültigkeit relativ, auf die ungültigkeitsverleihende Pflicht bezogen zu sehen.

d) Mangelnde Ungültigkeit

Es ist schließlich möglich, daß keine Norm gegeben ist, welche vorschreibt, daß man einer anderen Norm nicht gehorchen soll. Daraus folgt, daß keine entsprechende Pflicht besteht. *Keine Ungültigkeit* liegt dann vor, wenn keine andere Pflicht da ist, die besagt, daß der ersten Pflicht nicht zu gehorchen ist.

Die Nichtgeltung ist von der Ungültigkeit zu unterscheiden. Gemeinsam ist beiden, daß es sich um die Qualifikation einer Pflicht handelt. Bei der Ungültigkeit ist eine andere Pflicht gegeben, die den Ungehorsam vorschrebt, bei der Nichtgeltung ist keine Pflicht vorhanden, welche den Gehorsam vorsieht.

Die Nichtgeltung kann auch von der mangelnden Ungültigkeit unterschieden werden. In beiden Fällen ist eine andere, qualifizierende Pflicht nicht gegeben. Bei der Nichtgeltung fehlt eine geltungsverleihende

Pflicht, bei der mangelnden Ungültigkeit eine ungültigkeitsverleihende Pflicht.

3. Derogation

Die *Derogation* ist ein Problem der Zeit und betrifft den Entzug der Geltung. Es ist zu unterscheiden zwischen der Zeitdauer der Pflicht und

a) Zeitproblem

Die *Zeitdauer der Pflicht* ist einerseits abhängig vom Inhalt der Norm, nämlich davon, wann ein gesolltes Verhalten zu setzen ist. Andererseits ist die Zeitdauer der Pflicht abhängig von der Existenz der Normadressaten, denn ohne einen existenten Normadressaten gibt es keine Pflicht.

Die *Zeitdauer der Qualifikation* einer Pflicht, etwa als geltend, ist abhängig von zwei Pflichten: von der Existenz der qualifizierten sowie von der Existenz der qualifizierenden Pflicht.

Als Beispiel werden drei Pflichten angenommen: die erste Pflicht schreibt das Verhalten *A* vor, die zweite Pflicht besagt, daß man der ersten Pflicht gehorchen soll. Demnach ist die erste Pflicht im Hinblick auf die zweite Pflicht als geltend zu bezeichnen.

Tritt nun eine dritte Pflicht hinzu, welche vorsieht, daß der ersten Pflicht nicht gehorcht werden soll, so ist die erste Pflicht im Hinblick auf die zweite Pflicht als geltend, im Hinblick auf die dritte Pflicht als ungültig zu qualifizieren.

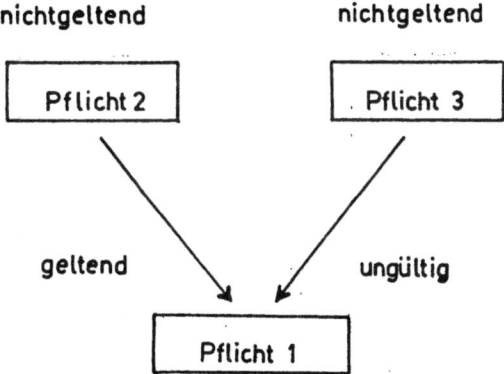

III. Normativer Status

b) Relativität

Da von der *Relativität* der Geltung bzw. der Ungültigkeit auszugehen ist, sind diese beiden Qualifikationen nicht zu vermischen.

Treten die qualifizierenden Pflichten zeitlich verschieden auf, etwa die dritte Pflicht später als die zweite Pflicht, so bleiben die widersprechenden Qualifikationen bestehen, wenngleich auch für verschiedene Zeiträume.

Tritt schließlich eine vierte Pflicht hinzu, welche für den Fall widersprechender Qualifikationen der ersten Pflicht eine Lösung dahingehend vorsieht, daß der dritten Pflicht nicht zu gehorchen sei, so kann folgendes festgehalten werden:

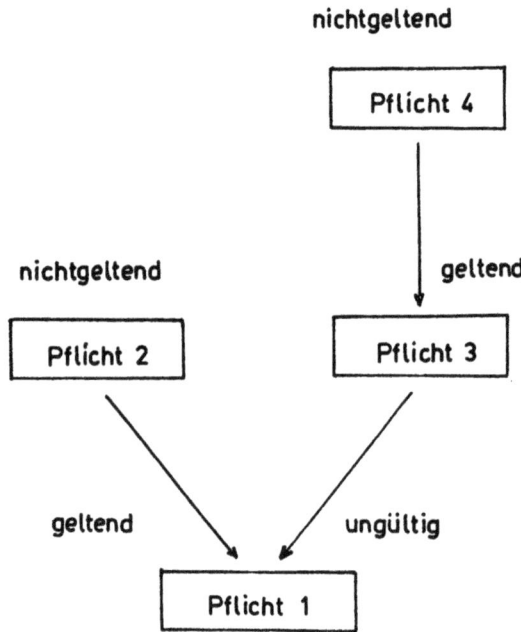

Diese vierte Pflicht qualifiziert die dritte Pflicht. Insgesamt sind die vier Pflichten folgendermaßen zu qualifizieren: Geltend ist die erste Pflicht im Hinblick auf die zweite Pflicht und die dritte Pflicht im Hinblick auf die vierte Pflicht. Nichtgeltend ist die zweite Pflicht und die vierte Pflicht. Ungültig ist die erste Pflicht im Hinblick auf die dritte Pflicht.

Eine hinzutretende Pflicht kann aber vorsehen, daß eine andere Pflicht als „ungültig im Hinblick auf die normative Ordnung" anzusehen ist. Es muß also unterschieden werden zwischen der Qualifikation einer

Pflicht im Hinblick auf eine andere Pflicht (Geltung, Nichtgeltung, Ungültigkeit, keine Ungültigkeit) und der Qualifikation einer Pflicht im Hinblick auf ihre *Zugehörigkeit zur normativen Ordnung*

Unter Derogation wird zumeist weniger die Geltung im Hinblick auf eine andere Pflicht verstanden, als vielmehr die Qualifikation der Zugehörigkeit zur normativen Ordnung.

c) Derogationsprinzipien

Bei den sogenannten *Derogationsprinzipien* handelt es sich keineswegs um logische Prinzipien, sondern um Normen. Diese Normen bestehen zumeist aus zwei Elementen: Zunächst wird in der Bedingung an eine Kollision angeknüpft, wobei verschiedene Kriterien (Zeit, Rang, Inhalt etc.) verwendet werden. Die Lösung der Kollision wird im gesollten Verhalten durch eine Gehorsamsanordnung erreicht. Solche Derogationsnormen können vom Normsetzungssubjekt explizit in eine normative Ordnung „eingebaut" werden. Es können auch mehrere Derogationsnormen sein. Da ihnen *technische* Bedeutung zukommt, ist es möglich, daß sie ungeschickt oder widerspruchsvoll verwendet werden. Die Normsetzung ist ja ein Willensproblem, so daß widerspruchsvolle Akte faktisch auftreten können. Öfters sind mehrere Normsetzungssubjekte beteiligt, so daß es schon aus diesem Grunde zu widerspruchsvollen Normsetzungen kommen kann. Meist leiden aber die normativen Ordnungen darunter, daß keine oder zuwenig Derogationsnormen vorhanden sind. In einem solchen Fall werden sie von den Normadressaten angenommen oder bestehen auf gewohnheitsmäßiger Basis (andere Form der Normsetzung) oder werden von der Wissenschaft in die normative Ordnung hineinprojiziert.

Als klassische Derogationsnormen sind hervorzuheben:

lex posterior derogat legi priori
lex prior derogat legi posteriori
lex superior derogat legi inferiori
lex inferior derogat legi superiori
lex specialis derogat legi generali
lex generalis derogat legi specialis

Keiner dieser Derogationsnormen kommt ein „logischer" Vorrang zu. Den späteren Normen wird zu meist bei Gesetzen etc. der Vorrang gegeben, hingegen besitzt die frühere Norm bei individuellen Rechtsakten (Rechtskraft) eine stärkere Stellung. Auch für die übrigen Fälle lassen sich entsprechende Beispiele finden.

Bei sämtlichen dieser Derogationsnormen handelt es sich also um keine logischen Prinzipien, sondern um *Normen*, welche ausdrücklich oder gewohnheitsmäßig gesetzt werden oder auch nicht vorhanden sind und dann bloß hineinprojiziert werden. Es wäre jedoch zweckmäßig, wenn der Gesetzgeber für die verschiedenen Fälle der Derogation ausdrücklich Derogationsnormen schaffen würde.

F. Faktisch qualifizierter Status

Wenn die Normen mit den Fakten konfrontiert werden, so ergeben sich verschiedene Fälle normativer Relationen, welche oben besprochen wurden. Andererseits kann aus dem Vorhandensein einer Norm ein normativer Status abgeleitet werden. Es stellt sich das Problem, inwieweit sich diese Fälle normativer Relationen auf den normativen Status auswirken.

Aus der Vielzahl möglicher Qualifikationen des normativen Status, entsprechend den Fällen der normativen Relationen, sind der potentielle und der aktuelle Status, der effektive und der ineffektive Status sowie der anerkannte und der nicht anerkannte Status hervorzuheben.

1. Potentieller und aktueller Status

Der potentielle und der aktuelle Status werden ebenfalls am Beispiel der Pflicht besprochen. Der Inhalt der Pflicht ist abhängig vom Inhalt der Norm. Ist eine bedingte Norm gegeben, so kann daraus eine bedingte Pflicht abgeleitet werden.

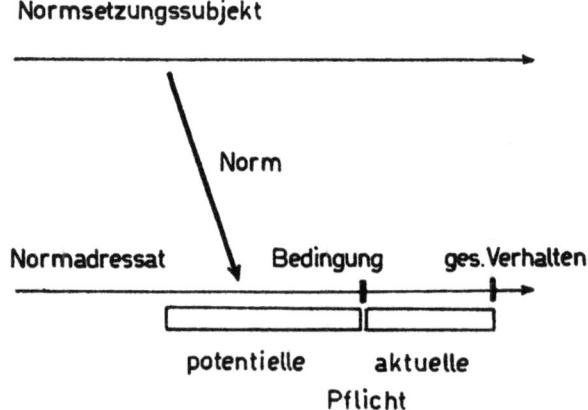

Wurde bereits oben hervorgehoben, daß die Pflicht sich über einen Zeitraum erstreckt, so ist insbesondere bei der bedingten Pflicht der Zeitraum von Bedeutung. Es ist hier zu unterscheiden zwischen dem Zeitraum, welcher sich zwischen der Normsetzung und dem Eintritt des bedingenden Ereignisses erstreckt und jenem Zeitraum, welcher zwischen dem Eintritt des bedingenden Ereignisses und dem Zeitpunkt des gesollten Verhaltens besteht. Bei einer bedingten Pflicht kann die Pflicht während des ersten Zeitraumes als *potentielle* Pflicht bezeichnet werden, während die Pflicht während des zweiten Zeitraumes als *aktuelle* Pflicht angesehen werden kann.

Die Unterscheidung zwischen potentieller Pflicht und aktueller Pflicht ist für die Praxis von Bedeutung, da es für den Normadressaten darauf ankommt, die aktuellen Pflichten zu beachten. Potentielle Pflichten hingegen gibt es viele, insbesondere in den Bereichen des Rechtes, wo die meisten Normen bedingte Normen sind, so daß aus ihnen eine Vielzahl von potentiellen Pflichten folgt.

Der Inhalt der Bedingung einer Norm muß jedoch nicht so einfach sein, daß darin nur ein einziges Bedingungselement gegeben wäre. Zumeist sind mehrere Bedingungselemente gegeben, welche verschiedene logische Beziehungen zueinander haben. Die einen dieser Bedingungselemente können verwirklicht sein, die anderen nicht. Wann entsteht in einem solchen Fall aus einer potentiellen Pflicht eine aktuelle Pflicht? Die Beantwortung dieser Frage hängt von der konkreten logischen Struktur der Bedingung der Norm ab. Es gibt keinen teilweisen Übergang von einer potentiellen Pflicht zu einer aktuellen Pflicht. Entweder ist die Bedingung verwirklicht oder nicht verwirklicht. Welche der Bedingungselemente dazu verwirklicht sein müssen, hängt wie gesagt von der logischen Struktur der Bedingung ab.

Entweder handelt es sich um eine potentielle Pflicht oder es handelt sich um eine aktuelle Pflicht. Aus einer Teilverwirklichung der Bedingungselemente kann nicht geschlossen werden, daß es ein Nebeneinander einer teils potentiellen oder teils aktuellen Pflicht gibt.

Beim potentiellen Status und beim aktuellen Status wird nicht der Status isoliert in seiner Relativität zur zugrundeliegenden Norm gesehen, sondern überdies noch der Bereich des Faktischen (Eintritt der Bedingungselemente oder Nichteintritt derselben) einbezogen.

2. *Effektiver und ineffektiver Status*

Eine bedingte Pflicht enthält einerseits eine Bedingung und andererseits ein gesolltes Verhalten. Tritt zur Bedingung entweder die Verwirklichung der Bedingung hinzu oder andererseits die Nichtverwirklichung, so kann von einer potentiellen bzw. einer aktuellen Pflicht gesprochen werden. So wie zur Bedingung kann auch zum gesollten Verhalten die

III. Normativer Status

Tatsache der Verwirklichung dieses gesollten Verhaltens oder die Tatsache der Nichtverwirklichung hinzutreten. In diesen beiden Fällen kann die Pflicht als effektive Pflicht bzw. als ineffektive Pflicht bezeichnet werden. Eine *effektive* Pflicht ist dann gegeben, wenn das in der Pflicht vorgesehene Verhalten tatsächlich gesetzt wird. Eine *ineffektive* Pflicht liegt dann vor, wenn das in der Pflicht vorgesehene Verhalten nicht verwirklicht wird.

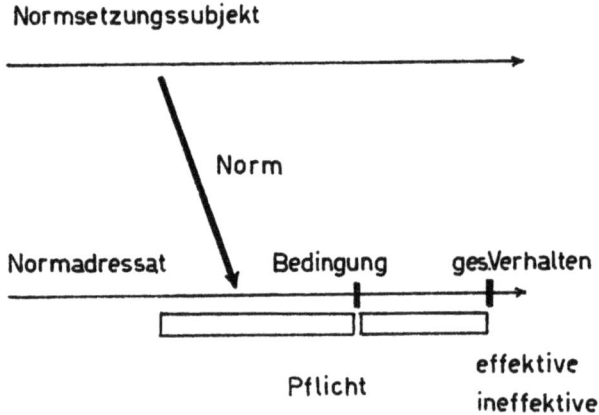

Inwieweit ist das Vorhandensein einer effektiven Pflicht davon abhängig, ob nur eine potentielle oder auch eine aktuelle Pflicht vorausgeht? Ist die Pflicht bis zur Setzung des gesollten Verhaltens bloß potentiell, so kann zwar das gesollte Verhalten genauso gesetzt werden. In einem solchen Fall ist jedoch die Pflicht nicht als „effektive Pflicht" (im technischen Sinn) zu bezeichnen. Liegt eine bedingte Pflicht vor, so ist es, um von einer effektiven Pflicht sprechen zu können, notwendig, daß die Pflicht vorher aktualisiert worden ist.

Eine Pflicht muß jedoch keine bedingte sein. Es kann sehr wohl ein gesolltes Verhalten vorgeschrieben werden, ohne daß eine Bedingung besteht. In einem solchen Fall kann es weder eine potentielle Pflicht noch eine aktuelle Pflicht geben. Wird hier das gewollte Verhalten verwirklicht, so ist diese Pflicht als effektive Pflicht zu bezeichnen, unabhängig davon, daß es in diesem Zusammenhang keine aktuelle Pflicht gibt.

Ebenso wie für die effektive Pflicht ist es für die ineffektive Pflicht ebenfalls Voraussetzung, daß die Pflicht aktuell geworden ist. Liegt bei einer bedingten Pflicht bloß eine potentielle Pflicht vor, so kann weder von einer effektiven noch von einer ineffektiven, sondern eben bloß von einer potentiellen Pflicht gesprochen werden.

F. Faktisch qualifizierter Status

a) Teileffektivität

Das gesollte Verhalten kann aus mehreren Verhaltensphasen bestehen. Werden sämtliche Verhaltensphasen verwirklicht, so liegt eine vollständige Effektivität vor. Werden nur einige der vorgeschriebenen Verhaltensphasen verwirklicht, so kann man von einer *Teileffektivität* sprechen. Je nachdem, ob die Mehrzahl der vorgeschriebenen Verhaltensphasen gesetzt wurde oder nicht, liegt eine überwiegende Teileffektivität oder eine überwiegende Teilineffektivität vor.

Liegen mehrere Normen vor oder kann das gesollte Verhalten zu mehreren Zeitpunkten gesetzt werden, so kann es zu einer mehrfachen Effektivität oder zu einer mehrfachen Ineffektivität kommen. Auch Schwankungen zwischen der Effektivität und der Ineffektivität sind im Zeitablauf möglich.

Bestehen etwa kollektive Pflichten widersprechenden Inhaltes nebeneinander, so werden sich die Normadressaten in ihrem Verhalten für die eine oder für die andere Pflicht entscheiden. Die Stellungnahme der beteiligten Normadressaten muß jedoch nicht gleichbleibend sein. Während sich die einen Subjekte an die Pflicht halten, können die anderen Subjekte ein schwankendes Verhalten zeigen oder sie sind von vornherein gegen die eine Pflicht eingestellt. Die beim Entstehen von Gewohnheiten oder bei der Ablösung einer Gewohnheit durch eine andere Gwohnheit sich ereignenden Vorgänge sind sehr kompliziert. Es wird hier im Hinblick auf die Effektivität bzw. auf die Ineffektivität zu vielgestaltigen Übergängen kommen.

b) Schuld

Im Zusammenhang mit der ineffektiven Pflicht kann die *Schuld* als eigener normativer Status des Normadressaten erwähnt werden. Besteht eine Pflicht und wird das in dieser Pflicht vorgeschriebene Verhalten nicht gesetzt, so ist diese Pflicht als ineffektive Pflicht zu bezeichnen. Es ergibt sich die Frage, ob an diese ineffektive Pflicht, zeitlich anknüpfend ein eigener normativer Status, welcher als „Schuld" bezeichnet werden kann, anschließt. Es gibt durchaus Normenordnungen, bei welchen ein solcher normativer Status angenommen wird. Durch welche Ereignisse wird dieser normative Status der Schuld wieder aufgehoben? Dies hängt von der jeweiligen Normenordnung ab. Der dem Entstehen der Schuld entsprechende contrarius actus kann im privaten Bereich in einer „Vergebung", im juristischen Bereich in einer „Tilgung" und im religiösen Bereich in einer „Erlösung" bestehen. Dem normativen Status der Schuld kann eine viel größere Bedeutung für die Motivation des Normadressaten zukommen, also bloß dem normativen Status der ineffektiven Pflicht. Die Ineffektivität als Endpunkt der ersten Pflicht ist gleichzeitig als „Sünde" oder „Verfehlung" der Ausgangspunkt für den von der Pflicht zu trennenden normativen Status der Schuld.

3. Anerkannter und abgelehnter Status

Der normative Status ist unabhängig davon, ob der Normadressat von der Norm Kenntnis bekommt und ob und in welcher Weise er dazu willensmäßig Stellung nimmt. Dennoch ist es möglich, den normativen Status mit dem Willen in Beziehung zu bringen, und zwar nicht nur mit dem Willen des Normadressaten, sondern mit dem Willen ganz allgemein. Ebenso wie die Aktualisierung und die Effektivität ist die Anerkennung den Phasen des Normsetzungsprozesses zuordenbar.

Im einzelnen kann die Anerkennung einer Pflicht durch das Normsetzungssubjekt, den Normadressaten, das Bezugssubjekt, das Bedingungssubjekt oder sonst durch einen Dritten erfolgen.

Je nach dem Inhalt der willensmäßigen Stellungnahme ist zwischen Anerkennung und *Ablehnung* zu unterscheiden. Im ersten Fall wird zum Inhalt der Pflicht positiv, im zweiten Fall zum Inhalt der Pflicht negativ Stellung genommen. Da eine Negation nicht nur bezüglich des Inhaltes, sondern auch bezüglich der Existenz der willensmäßigen Stellungnahme möglich ist, muß weiters zwischen „keiner Anerkennung" und „keiner Ablehnung" unterschieden werden. Der Fall, daß keine Anerkennung vorliegt, ist von dem der Ablehnung zu unterscheiden. Im ersten Fall liegt keine willensmäßige Stellungnahme vor, im zweiten Fall eine willensmäßige Stellungnahme, bei welcher die Negation im Inhalt aufscheint.

Die Anerkennung bzw. die Ablehnung kann durch den Willen oder durch die *Bewertung* des Subjektes erfolgen. Wenngleich die Bewertung dem Willensentschluß vorausgeht und eine Phase der Willensbildung darstellt, so kann dennoch ein Widerspruch zwischen einer geäußerten Bewertung und dem geäußerten Willen bestehen. Bei der anerkannten Pflicht ist demnach zu unterscheiden zwischen einer anerkannten Pflicht, bei welcher diese Anerkennung durch den Willen erfolgt und zwischen einer Pflicht, bei welcher die Anerkennung durch eine Bewertung entsteht.

Die Anerkennung kann sich in der *Zeit* wandeln. Die Pflicht erstreckt sich über eine bestimmte Zeitdauer. Der Akt der Anerkennung kann zeitlich punktuell sein oder sich ebenfalls über eine bestimmte Zeitdauer erstrecken. Die Dauer der Anerkennung muß nicht mit der Dauer der Pflicht ident sein.

Die Anerkennung einer Pflicht kann in der Bedingung anderer Pflichten aufscheinen. So etwa ist es möglich, daß einer Pflicht nur dann die

Geltung verliehen wird, wenn diese Pflicht anerkannt ist. Die Tatsache der Anerkennung bewirkt die Qualifikation der Pflicht als anerkannte Pflicht. Andererseits scheint die Anerkennung inhaltlich in der Bedingung jener Pflicht auf, welche die Geltung verleiht. Nur wenn dieses Bedingungselement erfüllt ist, wird die eine Pflicht durch die andere Pflicht als geltend qualifiziert. Ob Pflichten anerkannt sind oder nicht spielt bei Bildung von Gewohnheiten und bei der Frage, ob diesen Gewohnheiten zu gehorchen ist, eine Rolle.

Das Problem der Anerkennung besteht nicht nur bei der Pflicht, sondern ganz allgemein beim normativen Status. So kann es im Zusammenhang mit der Freiheit wesentlich sein, inwieweit diese Freiheit anerkannt wird.

G. Ordnung des normativen Status

Treffen bei einem Subjekt mehrere Fälle des normativen Status zusammen, so ergibt sich die Frage, in welcher Weise eine Ordnung dieses normativen Status eines Subjektes angenommen werden kann. Sicherlich gibt es nicht nur ein einziges Kriterium, welches für die Ordnung des normativen Status eines Subjektes maßgeblich ist, sondern es gibt eine Reihe von verschiedenen Kriterien, unter welchen Gesichtspunkten mehrere Fälle des normativen Status zu einer Ordnung zusammengefaßt werden können.

Richten sich mehrere Normen an ein Subjekt, so entstehen mehrere Pflichten. Diese Pflichten können als nebeneinander befindlich aufgefaßt werden. Das Gemeinsame dieser Pflichten besteht darin, daß sie demselben Normadressaten zugeordnet werden.

Von besonderer Bedeutung für die Ordnung des normativen Status sind *Metanormen*. Durch die ihnen entsprechenden Pflichten werden andere Pflichten als geltend, ungültig, nichtgeltend, nicht ungültig qualifiziert.

Es ist freilich nur eine Frage der graphischen Darstellung und nicht der Begrifflichkeit, ob die als geltend qualifizierte Pflicht als „niedere" oder „untere" Pflicht bezeichnet wird. Dementsprechend wäre die geltungsverleihende Pflicht als die „höhere" oder „obere" Pflicht zu bezeichnen. Man könnte aber auch das umgekehrte Bild wählen, indem die geltungsverleihende Pflicht als „untere" Pflicht im Sinne einer Basispflicht bezeichnet wird. Doch dies sind nur Fragen der Darstellung, nicht der Begrifflichkeit. Im folgenden wird jedoch, um eine bestimmte Entscheidung zu treffen, die geltungsverleihende Pflicht als „obere" Pflicht angesehen.

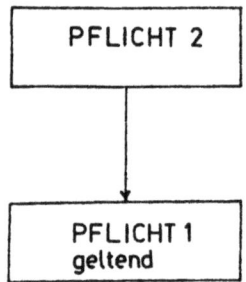

1. Stufenbau der Pflichten

Aufgrund solcher Geltungszusammenhänge kann es zu Schichten des normativen Status kommen. Die Schichtung tritt nicht bei den Normen auf, welche als Interaktionen aufgefaßt werden, sondern vielmehr beim normativen Status. Es wird also kein Stufenbau der Normen angenommen, sondern vielmehr ein *Stufenbau der Pflichten*.

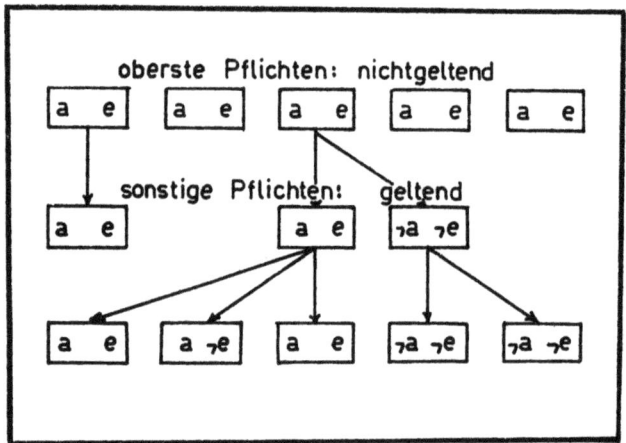

2. Oberste Pflichten

Was kann über die *obersten* Pflichten ausgesagt werden? Es handelt sich dabei um jene Pflichten bzw. um jene Fälle des normativen Status, welche der Ordnung des normativen Status angehören und als *nichtgeltend* zu bezeichnen sind. Nichtgeltend sind sie deshalb, weil es keine höheren Pflichten gibt. Andererseits sind sie aber dennoch *existent*, d. h. Akt und Sinn dieser Pflichten ist gegeben. Es ist auch nicht erforderlich, nur eine einzige oberste Pflicht im Sinne einer Grundnorm anzunehmen. Vielmehr ist eine *Quantität* der Pflichten gegeben. Soferne keine Pflicht existiert, welche all das verbietet, was nicht ausdrücklich erlaubt ist, gibt es eine *Residualfreiheit,* welche ebenfalls der obersten Schichte der Ordnung des normativen Status angehört. Bei der Rechtsordnung muß es sich bei der obersten Schichte des normativen Status nicht unbedingt um ein Gewohnheitsrecht (präkonstitutionelles Gewohnheitsrecht) handeln. Es kann ganz allgemein von einer obersten Schichte des rechtlichen Status gesprochen werden, ohne daß dieser Schichte schon die Qualifikation als Gewohnheitsrecht zukommen muß.

Es wurde von verschiedenen Kriterien gesprochen, welche auf diese Ordnung des normativen Status zutreffen können. Ein solches Kriterium bzw. eine solche Qualifikation ist die *Anerkennung.*

Die verschiedenen Statusschichten können in verschiedener Weise anerkannt (a) werden. Bei der Rechtsordnung ist es so, daß die oberste Statusschichte anerkannt werden muß bzw. der Großteil der übrigen Statusschichten.

Als weiteres Kriterium kann die *Effektivität* (e) hinzutreten. Auch hier ist für die Rechtsordnung charakteristisch, daß die obersten Statusschichten effektiv sind sowie die Mehrzahl der übrigen Statusschichten. Es ist aber für die Zugehörigkeit des einzelnen normativen Status zur Ordnung des rechtlichen Status nicht notwendig, daß die Effektivität oder die Anerkennung gegeben ist. Somit ist im Zusammenhang mit dem Recht bei der Anerkennung und der Effektivität zu unterscheiden, auf welche Schichte des rechtlichen Status sie sich beziehen.

H. Indikativer Status

Bei einer Interaktion muß es sich nicht immer um eine Norm handeln. Der Sinn der Interaktion braucht kein Sollen zu enthalten. In einem solchen Fall wird von einer *Aussage* gesprochen.

Diese Aussage richtet sich ebenfalls an einen Adressaten und es stellt sich die Frage, ob nicht analog zu dem normativen Status ein *indikativer* Status angenommen werden kann. Ebenso wie der normative Status wäre dann auch der indikative Status ideell, d. h. unabhängig vom Bewußtsein des Adressaten.

Der Inhalt der Aussage kann sich an Personen richten, welche vom Adressaten verschieden sind. Bei einer Norm würde es sich dabei um ein Bezugssubjekt handeln.

Da das normative Geschehen nicht allein durch Normen, sondern auch durch Aussagen gekennzeichnet ist, spielt die Annahme eines indikativen Status eine nicht zu unterschätzende Rolle.

Der Oberbegriff zur Norm und zur Aussage ist der der Information. So ist das Recht nicht etwa bloß ein Normensystem, sondern auch ein Infor-

III. Normativer Status

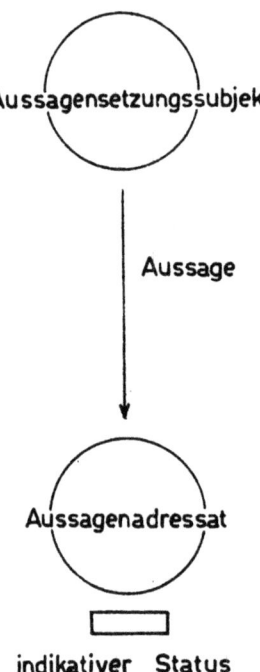

mationssystem. Der Überbegriff zum normativen Status und zum indikativen Status ist daher der des *informativen Status*.

Bei dem einzelnen Adressaten läßt sich der informative Status somit in zwei Teile teilen, nämlich in den normativen Status und in den indikativen Status.

Literaturübersicht

Alchourrón, C. E. - *Bulygin*, E.: Normative Systems 1971.

Becker, O.: Untersuchungen über den Modalkalkül, 1952.

Bierling, E.: Zur Kritik der juristischen Grundbegriffe, 1877 bis 1883.

Bochenski, I. M.: Formale Logik, 1956.

Böhm, P.: Zur Interpretationstheorie der Reinen Rechtslehre im Lichte ihrer gegenwärtigen Vertreter, Juristische Blätter, 1975, 1 bis 13.

Cornides, T.: Zu G. H. v. Wrights „Norm and Action", ÖZöR 1967, 343 bis 363.
— Ordinale Deontik, 1974.

Engisch, K.: Einführung in das juristische Denken, 1956.
— Logische Studien zur Gesetzesanwendung, 1963.

Fiedler, H.: Juristische Logik in mathematischer Sicht, ARSP, 1966, 93.

Garcia Maynez, E.: Introductión a la lógica juridica, 1951.

Hart, H.: The Concept of Law, 1961.

Hauser, R.: Norm, Recht und Staat, 1968.

Heck, Ph.: Interessenjurisprudenz, 1933.

Hohfeld, W.: Fundamental Legal Conceptions, 1919.

Jørgensen, J.: Imperatives and Logic, Erkenntnis, 1937, 288.

Kalinowski, G.: La logique des normes, 1972.

Kaniak, G.: Das vollkommene Gesetz, 1974.

Kelsen, H.: Hauptprobleme der Staatsrechtslehre, 1923^2.
— General Theory of Law and State, 1949.
— Reine Rechtslehre, 1960^2.
— Recht und Logik, Forum, 1965, 421, 495.

Klug, U.: Juristische Logik, 1966^2.

Kutschera, F. v.: Einführung in die Logik der Normen, Werte, Entscheidungen, 1973.

Lachmayer, F.: Subsidiäre Pflichten, ÖZöR, 1971, 363.
— Freiheit und Ermessen, ÖZöR, 1974, 67.

Lachmayer, F. / *Reisinger*, L.: Potentielles und positives Recht, ARSP, 1974, 25.
— — Legistische Analyse der Struktur von Gesetzen, 1976.

Lampe, E. J.: Juristische Semantik, 1970.

Larenz, K.: Methodenlehre der Rechtswissenschaft, 1975^3.

Mally, E.: Grundgesetze des Sollens, Elemente der Logik des Willens, 1926.

Merkl, A.: Die Lehre von der Rechtskraft entwickelt aus dem Rechtbegriff, 1923.
— Allgemeines Verwaltungsrecht, 1927.
— Prolegomena zu einer Theorie des rechtlichen Stufenbaues, FS f. H. Kelsen, 1943.
Öhlinger, Th.: Der Stufenbau der Rechtsordnung, 1975.
Reisinger, L.: Automatisierte Normanalyse und Normanwendung, 1972.
— Die automatisierte Messung juristischer Begriffe, 1973.
Rescher, N.: The Logic of Decision and Action, 1967.
Rödig, J.: Die Denkform der Alternative in der Jurisprudenz, 1969.
Ross, A.: Directives and Norms, 1968.
Schild, W.: Die Reinen Rechtslehren, 1975.
Schneider, E.: Logik für Juristen, 1966.
Schreiber, R.: Logik des Rechts, 1962.
Simitis, Sp.: Zum Problem einer juristischen Logik, Ratio, 1961, 52.
Tammelo, I.: On the Logical Openness of Legal orders, The American Journal of Comparative Law, 1959, 187.
— Outlines of Modern Legal Logic, 1969.
— Rechtslogik und materiale Gerechtigkeit, 1971.
Tammelo, I. / *Schreiner*, H.: Grundzüge und Grundverfahren der Rechtslogik, Band 1, 1974.
Verdross, A.: Statisches und dynamisches Naturrecht, 1971.
Wagner, H. / *Haag*, K.: Die moderne Logik in der Rechtswissenschaft, 1970.
Walter, R.: Der Aufbau der Rechtsordnung, 1974².
Weinberger, O.: Rechtslogik, 1970.
— Studien zur Normenlogik und Rechtsinformatik, 1974.
Winkler, G.: Der Bescheid, 1956.
— Wertbetrachtung im Recht und ihre Grenzen, 1969.
Wright, G. H. v.: An Essay in Modal Logic, 1951.
— Deontic Logic, Mind, 1951.

Printed by Libri Plureos GmbH
in Hamburg, Germany